文瀚錦綉

爆款思维

过去的生存法则是“品牌为王”，
现在开始失效。
新的生存法则是“爆款为王”。
爆款是流量获取成本最低、性价比最高的方式，
也是打爆市场的核武器。

胡展赫◎著

天津出版传媒集团
天津人民出版社

图书在版编目（CIP）数据

爆款思维/ 胡展赫著 . --天津 ：天津人民出版社,
2017.12

ISBN 978-7-201-12742-2

Ⅰ.①爆… Ⅱ.①胡… Ⅲ.①企业管理－市场营销学
Ⅳ.①F274

中国版本图书馆 CIP 数据核字（2017）第 297146 号

爆款思维
BAOKUAN SIWEI

出　　版　天津人民出版社
出 版 人　黄　沛
地　　址　天津市和平区西康路35号康岳大厦
邮　　编　300051
邮购电话　（022）23332469
网　　址　http://www. tjrmcbs. com
电子信箱　tjrmcbs@126.com

责任编辑　刘子伯
装帧设计　孙希前

印　　刷　三河市航远印刷有限公司
经　　销　新华书店
开　　本　710×1000毫米　1/16
印　　张　15
字　　数　120千字
版次印次　2017年12月第1版　2017年12月第1次印刷
定　　价　36.00元

前言 FOREWORD

爆款是一种极端的意志力，是一种信仰，是整个企业运转的灵魂！爆款正成为这个时代的商业法则；做爆款则是每家企业都要面临的生死抉择。

爆款是一个信条，相不相信、有没有魄力只做一个单品，做到这个品类的市场第一。产品线不聚焦难以形成规模效应，资源太分散会导致参与感难于展开。爆款思维是互联网时代必备的产品思维。

在移动互联网时代，爆款代表着专注某一类用户，代表着以用户思维为导向的设计、研发、生产与销售，代表着真的找到了用户的痛点，代表着一款产品可以干到几个亿甚至几十亿。爆款思维不仅是对互联网思维在认知基础上的升华，更是打造并孵化爆品的理念。

“爆款”一词源于淘宝网，原本只是淘宝商户的营销手段，后来被发展归纳为“爆款思维”，即生产企业将资源聚焦到较少的产品，以近乎偏执的态度，打造出能让客户“尖叫”、口碑一流的产品，并迅速占领市场。

“爆款”出身看似潮味儿十足，但在诸如苹果 iPhone、腾讯微信、宜家家居等大牌明星产品身上，都能隐隐看到它的影子。

如何用“爆款思维”来打造能让人难忘、让客户“尖叫”的产品呢？仔细分析“爆款”盛行的原因，除互联网普及、新媒体崛起等外部因素外，本质上仍要归功于产品自身注重客户体验、硬实力不俗。所以，用“爆款思维”打造大众认可的产品，要做到以下三个方面：

第一，追求完美的产品品质。“爆款”的创造者几乎都带有偏执个性，“不疯魔、不成活”，极致追求产品的完美。

如西贝餐饮对制作张爷爷挂面，就要求“面粉用最贵的（内蒙古）河套（地区出产的）雪花粉，老鸡熬汤要超过 5 小时，西红柿必须发酵，（面条）上桌时面汤的理想温度为 57 摄氏度，鸡蛋还要是圆的”。对产品品质的追求不达完美誓不罢休，只有这样才能做到没有瑕疵。

第二，具备独有的特色产品。特色产品界定了与同业的区别，可以达到“让人一下子记住你”的效果，如果说卓越的产品品质是用“爆款”产生“尖叫”的基础，那么特色就是“尖叫”的来源。

京东商城靠卖电脑和家电起家，这是它的特色，让客户知道“买电脑家电上京东网”，后起的唯品会、1 号店、顺丰优选也都采用了同样的策略，均取得不凡的成功。

第三，呈现差异化的个性服务。“爆款”注重客户体验，只有体验感觉大大超过期望值，才会集聚口碑。而体验是建立在客户心理感受上的，服务体验如何，完全取决于他们自身。

目录 CONTENTS

因此，企业需要研究客户心理，向客户提供差异化的个性服务。

在《爆款思维》一书中，剖析了打造爆品的有效策略和常见成功与失败的案例，指明了传统工业时代爆品和互联网时代爆品的本质区别：一个是基于渠道利益分配的产物，一个是基于用户需求的流量导入；为众多传统企业转型提供了可靠的路径和参考。

第一章 尖叫点思维

再强大的企业，资源也是有限的，也需要在合适的时间和合适的地点，汇聚核心资源，在向上突破的关键点上实施定点引爆，这就是爆点。爆点思维要求带给用户超值的预期，让其尖叫，而不仅仅是满意。

1. 爆款界的集大成者优衣库

把爆款思维运用到销售中，就会产生“爆款产品”。爆款是指在商品销售中，供不应求，销售量很高的商品。也被称为牛品、爆款商品、爆款宝贝、人气宝贝、热卖商品等，广泛应用于网店，实物店铺。

很多人会发现，有某款商品，或许并没有做什么推广，但是当它卖出几件之后，后面的成交就变得越来越多，而且越来越容易。成交量越大的商品，后面的销售情况就会更好，这就是“爆款”的雏形。

买的人多自然是好的商品，这就是消费者的从众心理，也就是我们俗话说的“随大流”。尤其在网购的环境下，商品的展示只是给消费者一种视觉或者听觉上的展示，并不像传统的买卖活动那样，可以接触到实物，然后判断其好坏。

这样，买家可以获得的商品信息就相对较少，很大一部分信息都是根据商品的描述和产品图片获得的。但是由于很多商品的描述和展示图片大同小异，所以在相比之下，买家更倾向于听取第三方的意见，因为之前购买并使用过此商品的人们的评价是最中肯的。

故此，有更多人购买和更多人评价的商品往往更容易得到消费者的青睐，从而进一步地提升销量，慢慢形成了“爆款”。

打造“爆款”的目的，并不是要通过爆款来获得超额利润，而是要爆款扮演一个“催化剂”的角色，可以为店铺吸引更多的客流量，把将要“爆款”的商品更好地呈现在消费者面前，刺激买家的购买欲望，促进了成交。

优衣库是爆款界的集大成者。如果你想玩爆款的话，优衣库毫无疑问是一个很好的学习对象。售价仅为1900日元的摇粒绒外套是优衣库的超级爆款。

这种外套在2000年前后由优衣库推出，随后风靡日本甚至全球市场。这款外套推动优衣库在1999年到2001年的三年里，连续实现收破1000亿日元、2000亿日元和4000亿日元的三级跳。

其实，只需要两个简单的算术就能理解优衣库的商业逻辑：

30万 ÷ 30 ÷ 1900 ≈ 5

46769 ÷ 365 ÷ 5 ≈ 26

其中，“30万”指日本厚生劳动省发布的2000年日本普通劳动者的月均工资为30万日元，“1900”是指摇粒绒外套的日元单价。第一个算术的意思是一个日本普通劳动者一天的收入大约可以购买5件优衣库的摇粒绒外套。

“46769”指的是国家统计局发布的2012年我国城镇单位就业人员的平均工资为46769元/年。第二个算术的意思是以购买力平价计，“中国版优衣库”的摇粒绒外套的价格为每件26元。

当然，上述估算我们做了诸多简化。比如说应该考虑城乡的差异、中日两国税制的差异、居民消费习惯的差异等种种因素。但谁都不能否认的是，优衣库的衣服放在日本市场实在是太便宜了。

我们暂且不妨想当然地认为，在中国，把质量尚可的26元的摇粒绒外套卖到风靡全国不算难事。但是谁有信心能从这26元的标签价格里面挤出利润来？但优衣库做到了。

正因如此，优衣库毫无疑问是一家成功的企业，在截止到2013年8月31日的这一财年里，优衣库的收入突破1万亿日元，优衣库的净利润也达到了900亿日元。而创始人柳井正借助优衣库的成功稳坐日本首富的位置。

答案非常简单，即便售价只有1900日元，优衣库的毛利仍然高达50%。1900日元、26元人民币、50%毛利，在牢记这些数据的前提下，我们再来揣摩优衣库的发展策略：

优衣库的目标是制造出所有人都可以穿的基本款衣服。优衣库每年推出的服装只有1000款，而其他同等规模的服装品牌的SKU都能过万。

20世纪90年代，恰逢中国制造走向世界，优衣库不失时机地把制造业务全部转移到了中国，而当今中国的人口红利日渐消褪，现在优衣库正在考虑把生产基地往东南亚国家转移；优衣库的工厂只有70家左右，而其他服装巨头的供应商都超过1000家；面料一直是优衣库产品研发的重中之重，继摇粒绒外套之后，优衣库又先后推出了羊绒衫、HEATTECH、超轻薄羽绒服等基于面料的流行服装；优衣库的早期业态是郊区工厂店。

不难发现，优衣库的所有发展策略都集中指向一点：从非标准化的服装行业里面挖掘出标准化的品类，借助全球供应链，利用品牌号召力和研发投入降低产品开发失败的风险，将效率发挥到极致，从而也把价格降低到极致。

了解了以上背景，我们再来归纳优衣库的成功秘诀：它只不过是一台高效运转的爆款制造机。与淘宝上动辄几十万销量的爆款不同，优衣库的爆款销量可以达到上亿件，只是这种爆款要隔几年才能遇到一次。但优衣库的常规单品的平均销量也都在百万件级别。

2. 不断引发用户尖叫的小米

雷军一直用两点极致的标准来衡量小米的行为：第一是用户会不会为小米的产品尖叫；第二是用户会不会真心地把小米的产品推荐给朋友。因此，在产品方面，雷军通过精益求精，以及“顶配”“首发”“低价”这样的词语来不断引发用户的尖叫。

小米到目前为止发布了三代手机，每一代在当时都是采用业界的最高配置，即“抢首发”的策略。因为首发，用户会为能够拥有这样一台手机而感到满足，甚至是可以用来炫耀的。

小米 1 采用的就是国内首家双核 1.5G 芯片，定价只有 1999 元的中档价位，性价比超出消费者的预期。小米手机因此而一炮打响，产生了“用户尖叫”的效应，而且供不应求。

之后，小米 2 主打的是发烧级四核高性能芯片，首款 28 纳米芯片，并在当时主流机器的内在都是 1G 的时候，小米 2 将内存标准提升到 2G。

作为当时的“最高配置”，价格依然是 1999 元的中档价位。小米营造的这种“尖叫”慢慢形成一种惯性，以至于后来的红米、小米 3、小米机顶盒、小米电视等一个个新品上世时，都出现供不应求的火爆局面。

2013 年 9 月 5 日当天，NVIDIA 创始人兼 CEO 黄仁勋受邀为雷军站台，介绍小米 3 采用的 Tegra4 处理器，在这场五分钟的登台秀中，黄仁勋非常善于调动现场的气氛，不过，最后看看，只有两句话含金量最高：一是 Tegra4 是目前全球最快的四核处理器；二是选择小米首发。

在随后对高通的介绍中，雷军一开始就拿出了三星的 Galaxy Note3 作为靶子，对方采用了高通的骁龙 8974 处理器，小米不会与之相同，而是要一个更快的、能够首发的产品，于是就出现了 8974AB 版本的骁龙处理器。

除了定位之外，另外一柄让用户尖叫的利器是定价。据称，一到要开会讨论新产品的定价时，雷军会先提出一个价格，然后仔细观察与会者的脸色变化。

最初，小米电视的定价在 3999 元，很多员工觉得这个价格很有诚意，也足够吸引人，但雷军看完众人反应之后，觉得还不够能够引发尖叫，最终又降了 1000 元。

还有一个让用户尖叫的产品点是 MIUI。MIUI 在安卓阵营奠定地位靠的是两个经典版本，一个版本是 MIUI2.3。在早期安卓操作系统界面很差劲的时候，小米的设计团队做了大量工作改进，对安卓系统做了相应的修改、优化、美化等，符合国人使用。

另一个版本是 V5。从 5 个主要的核心应用，18 个小工具，8 个主要的生态系统，包括浏览器、应用商店、主题商店，在线音乐、在线视频、读书等，进行了用户体验的全面优化。

但对用户而言，他们的尖叫点更多来自视觉化元素，比如个性主题、百变锁屏和自由桌面。MIUI 的下一个尖叫点瞄向了 NFC

（简称近距离无线通讯技术），小米发现的一个痛点是用户随身带太多的卡，能否通过手机把钱包里的这些卡整合起来。

MIUI负责人洪锋认为，“尖叫很重要，但是一年让你尖叫一两次就够了，长久以来让你会心微笑更重要。说得俗一些，因为MIUI产品是和手机一起，没有自己独特的生存压力，我经常跟产品经理打个比喻，就是你做的是一个大奶产品，你的心态更平和一些，就是让用户用得舒服。你的心态就是博妃子一笑的心态，而不是去炫耀。”

除此之外，雷军还坚持认为，在今天浮躁的移动互联网世界里，如果你想做成点事，最好静悄悄地低调去做，做出超出用户预期的东西。如果你做了很多广告吹嘘产品，把用户的胃口吊得很高，而实际产品达不到预期，最后用户一定会很失望的。

口碑好不好，并不单纯在于那个地方或者产品的品质究竟怎么样，而在于用户的预期有多高，口碑的真谛就是超越用户的期望值。

2009年，亚马逊花了8.47亿美金收购了一家卖鞋网站Zappo，雷军刚刚得到这个消息时十分惊讶：凭什么它能值这么多钱？他开始研究这家网站究竟有什么奇特的地方。经过一段时间的了解之后，结果简单得让雷军自己都有些意外。

原来，这家网站最大的利器就是很会调整用户的预期，让用户不断地发出“wow”的惊叹。他们承诺用户，交易成功之后，鞋子会在4天之内送达，但是实际上用户在隔天就能收到鞋子。

并且，在这家网站买鞋的用户还能享受一项特权：买一双鞋可以试用三双鞋，然后将不合适的寄回来，当然这是免费的，而这些都是史无前例的。

这家网站的聪明之处不在于能在两天之内将鞋子送到，而是告诉用户需要等待 4 天的时间，而不是两天，所以提前收到鞋子的用户同时还收到了一份惊喜。

雷军听说迪拜的太平洋帆船酒店是全世界最好的酒店，于是，他在一次游迪拜的过程中便决定顺道去那里看看，结果却使他大失所望：整座酒店金碧辉煌的装饰让他感觉很土，他在心中产生了一个大大的问号：这就是传说中全球最好的酒店？这就是排名全球第一第二的酒店？为什么去了帆船酒店的感觉甚至比去海底捞火锅店还要糟糕？人人都知道海底捞是个因为人多而乱糟糟的地方。

但是海底捞真的比帆船酒店好吗？他发现，这其实是因为自己对帆船酒店和海底捞的期望不一样。因为海底捞的地理位置都很一般，人们不会对它抱太高的希望，但是帆船酒店是全世界数一数二的酒店，那里应该让自己有超乎寻常的不一般的体验。正是因为带着这样的期望，所以就很难满足。这或许就是人们常说的希望越大，失望越大吧。

口碑好不好，并不单纯在于那个地方或者产品的品质究竟怎么样，而在于用户的预期有多高，口碑的真谛就是超越用户的期望值。

这给了雷军很好的借鉴，虽然做到这一点确实不容易。雷军准备创办小米科技时已经是 IT 圈子中的名宿，一旦他出来创业，人们对他的期望值又怎么会低呢？

这个时候，雷军深知，在产品还不成熟的情况下过度宣传，会让用户期望值太高，对产品的口碑没有好处。相反，低调推出产品，让用户超出他本来的期望值，反而会收获好的口碑，打造好的产品形象。

于是，在小米科技创办的时候，雷军做了不少保密工作。刚刚开始组建团队，雷军每见一个人，最后说的一句话都是："这件事情暂时保密！严格保密！"

当几十个人将第一款产品做出来之后，他并没有按套路出牌去打广告，而是带头领着一堆人跑去在几个论坛里发了几张帖子。此时谁也不知道这个产品是软件领域的元老做出来的，一时间，很多人都觉得这软件做得真好，竟然形成了庞大的"米粉"队伍。

单单靠着口口相传的力量，这款产品很快就传到了全世界，甚至还有一个美国博客站提名让雷军团队做年度产品。

其实得到这个褒奖的雷军有些汗颜：若是大张旗鼓地做产品，不一定能有这样的效果。"其实还是因为别人不知道，用户没有预期，所以一出来就感觉有些意外和惊喜，觉得这个产品很好。"他说。

说到这里，不得不提起小米手机预售过程中一个小小的插曲。当时，按照小米科技当初的规模，税务机关每次只给他们开四五本发票，也就是两百来张。这样一来，每卖出两百部手机，财务人员就要到税务机关去拿一次发票。

但是小米手机的销量却大大超出了预期，平均每天卖出 1.2 万部。即便财务人员一直往税务机关跑，发票也是远远不够用的。

结果，很多用户收到的小米手机都没有附带发票，有人开始怀疑小米科技偷税漏税。雷军和公司的高管拿着证明材料和税务机关沟通了好几个月，税务机关才批准他们自己打印发票。于是，一群人匆匆忙忙弄来了16台高速打印机，夜以继日地打了十几天才将发票打印完，并且寄给先前买了手机的用户。

雷军想，中国商业的服务水平现在还很低，还有很大的改善空间，自己或许应该利用这次机会，做好服务。

于是，雷军便和小米团队一起制作了一款温情脉脉的贺卡，上面画着可爱的米兔形象，并附上了一句话：让你久等了！亲，对不起！然后将贺卡、手机贴膜连同发票一起特快传递了出去。

本来还怀疑小米科技偷税漏税的用户收到信之后感动得不得了，立即到微博上分享了这件事情。有的用户听说还有贺卡和手机贴膜，将垃圾桶翻了个遍——他将信扔掉了！

这样一来，小米不但将原来因欠着发票给用户造成的不良印象消除了，而且还赢得了很多人的理解和支持。接着，雷军再接再厉，推出了感恩回馈活动，专门为前30万小米手机用户制作了感恩卡，还无条件赠送他们每人一张100元购物券。

结果，用户的反馈非常好，很多人都在微博上留言说：真没想到，买了小米手机还能享受这样的待遇，竟然还有100元购物券！这一切都远远超出了用户的预期，他们很乐意将这件事情和身边的人分享，从而使米粉的队伍不断壮大。

这样的推广手法，不光节省了小米手机市场营销的费用，而且还能使雷军团队看出产品对于用户真正的吸引力所在。“在互联网上，刚刚开始时最重要的不是大规模地做广告，而是做好搜索引擎优化和病毒式营销，尽量压下用户的预期值，专心做好产品，让产品说话。”雷军说。

“一个公司最好的评价是用户口碑，用户口碑是一个公司能够长期生存并发展的生命线。一个公司想要处理负面影响，需要花很多的时间和资金，况且未必能消除影响。但是用户口碑会很快将公司的形象传播出去，用户口碑是电商行业的生存底限。”

在小米内部，雷军要求所有员工，在朋友使用小米手机的过程中，无论遇到任何问题，无论是硬件还是软件，无论是使用方法或使用技巧的问题，还是产品本身出现了 Bug（故障），都要以解决问题的思路，用心地去帮助朋友。

值得一提的是，在用户与口碑的建立上，雷军特别着重强调“人不如旧”的概念。他说：“做天使投资时，我总会给老朋友便宜一点的价格。第一次跟着投资的人永远最贵。这样，朋友得了实惠，而想要进入这个圈子的新人，贵的价格就是新人的入场券，对用户也是一样。别人都是老用户不停收费，新用户免费。为什么我们不能给老用户免费，对新用户收费呢？这样可能会放慢产品扩张的速度，但照顾好老用户之后，带来的是更加持久的品牌生命力。”

也因此，雷军一直要求小米要相信用户，相信用户口碑，相信一个超级忠诚的用户，能够带来更多的用户。正是这样的极致的产品思维，雷军才让小米一直拥有很高的用户满意度以及良好的用户口碑。

3. 宝洁让产品不断适应消费者

创建于 1937 年的美国宝洁公司是世界上最大的日用消费品公司，它所经营的三百多个品牌的产品畅销一百四十多个国家和地区，产品包括洗发、护发、化妆品、婴儿护理品、妇女卫生用品等。

宝洁的成功就在于其能够通过广泛的市场调查、科学的市场细分方法，全力推出一种或几种定位的产品，来满足不同消费群体的不同需求。让产品去满足顾客，而不是让顾客去适应产品。

在创业之初，宝洁公司的两位创始人看到当时美国生产的肥皂又黑又粗糙，与其本身的功能极不相称。

为了适应妇女和儿童的需求，他们要求自己的产品，一是颜色要美，二是形状要美。于是，一种纯白、圆角的肥皂问世了。

美国人信基督，他们就利用《圣经》中的一段话："来自象牙宫的人，你所有的衣服都沾满了沁人心脾的香气！"给自己的肥皂取名"象牙"牌。

为了打开"象牙"肥皂的销路，宝洁公司请来了美国当时著名的化学家和教授，对其产品进行分析、鉴定，做出权威性的报告，并把关键数字打入广告中，让消费者心服口服。

很快"象牙"牌肥皂享誉全美以至全世界。当宝洁把在美国畅销的洗衣精投向欧洲市场时，很快受阻，经调查发现，原因就在于欧洲的洗衣机只适用固态的洗衣粉，液态的洗衣精加入后，有一部分很快就会从底部流出。

不久，宝洁就设计出了一种名为"威液球"的产品，当洗衣机的水加满时，才释放出洗衣精，并可重复使用。这种"威液球"很快成为畅销欧洲的产品。

对中国市场的占领也是一样，宝洁针对东方人对头发格外注意的习俗，就把洗发用品作为打开中国市场的先头部队，与香港、广州的三家企业合资成立了广州宝洁公司，生产多种品牌的洗发精。之后宝洁生产的香皂、牙膏、食品等都因销售地区的不同，而在香味、成分、包装方面有所差异。

配合产品策略，宝洁自20世纪50年代起相继在欧洲、东南亚、拉丁美洲等地建立了外销事业部和科技中心。

为了使产品更贴近顾客，宝洁非常注意日常对客户的访问和调查，此外还首创了“一日回忆法”和查询电话制度。

一日回忆法，即调查顾客对一天之内所接触到和正在使用的生活用品的感受，有何不便之处，有无新的要求。

查询电话制度则要求每天有50位员工从早到晚通过电话来回答顾客的询问，以便从中受到启发，使自己的产品不断得到改进和完善，并及时设计出适合顾客需要的新产品。低热量、不含胆固醇的名牌保健食品欧力宝就是受顾客的启发开发出来的。

如今，进入21世纪，宝洁仍将深入细致的市场调研，作为其营销的基础，宝洁为此确立了三大原则：

（1）要推出的产品在测试阶段就要比竞争者具有明显的优势。

（2）尽早发现一个消费趋势并引导消费者消费。

（3）对消费者需求和偏好进行细致的监测，为了深入了解中国消费者，宝洁在中国建立了庞大的消费行为数据库和完善的市场调研系统，帮助企业一开始就了解中国人的需求及生活习惯。比如，他们洗头及刷牙的方式，对目前产品的意见以及喜欢什么样的宣传等。

把握市场需要，不断推陈出新，是企业竞争胜利的关键所在。

尤其对那些只经营单一产品的企业而言，不断推出迎合目标顾客口味、具有时尚概念的新产品，能够使企业在同行业中总处于领先地位，领导消费潮流，并总能以最快的速度，成功地攫取最多的市场利润。

宝洁公司之所以能得心应手地运用各种营销策略，关键是抓住了让产品适应消费者这一主旨。“拥有了顾客，才是拥有了产品，拥有了市场”，宝洁深谙这一道理。

4. 花王的成功在于信息研究

在日本，多数企业的市场战略是对现有产品的更新换代和市场促销。然而，花王却采取了另一种市场战略。

他们认为：市场永远存在机会，消费者的需求在不断变化，企业之间的竞争现在就看谁能发现需求的新趋势和新特点。

为此，花王专门成立了“生活科学研究所”，从企业各处调来上百名经济专家和市场调研的能手，总经理常盘文克对他们说：“你们的工作就是挖掘和发现新的需求，你们要为整个企业的发展迈出关键的第一步。”

研究所每年都要定期根据不同的年龄层发放调查问卷，问答项目达几百个，而且十分具体。他们把回收的各种答案存入计算机，用于新产品的开发。

现在，研究所每个月要增加近一万个来自消费者的信息。另一层次的调查是邀请消费者担当“商品顾问”，让他们试用花王的新产品，然后“鸡蛋里挑骨头”，从他们那里收集各种改进的意见。

来自消费者的信息成千上万，如何分析研究、取其精华，花王有其独特的方法。他们把所有信息分为两类：一类是期望值高的信息，即希望商品达到某种程度，或希望某种新产品；另一类是具体的改进建议。

花王十分重视前者，这类信息虽然没有具体意见，甚至很模糊，却反映了消费者的期望，是新产品开发的重要启示，而具体的改进意见一旦和高期望值信息结合起来，则能起到锦上添花的作用。

在日本市场最畅销的产品——“多角度清扫器”就是这两类信息结合的产物。清扫用具迄今为止是笤帚和吸尘器的天下，但“花王”在调查中发现，消费者不仅对笤帚早已不满意，对吸尘器也颇有微词，比如后盖喷气使灰尘扬起，电线妨碍不能自由移动，最麻烦的是一些角落、缝隙、床底很难清扫到，消费者多次反映希望有一种能伸到任何地方清扫的用具。

花王研究所集中了上百条有关信息，经过研究分析，提出了新产品的基本概念：多角度、无电线、不喷气、轻便等。几个月以后，新型的“多角度清扫器”终于问世，其销售量突飞猛进。

信息研究的作用在于通过信息把企业与消费者联系起来，这些信息用来帮助经理们分析市场需求，辨别和界定市场营销机会和问题，从而制订出合乎市场需求的市场营销方案。

花王之所以能一举成功，主要归功于它在新产品上市前的信息调查。花王专门成立的“生活科学研究所”作为信息系统为企业收集并筛选出最有价值的信息，其中“多角度清扫器”抓住了市场机会，弥补了消费者需求的市场空白，它的成功验证了信息研究对企业举足轻重的作用。

5.“鳄鱼恤”的市场细分策略

香港有名的“鳄鱼恤”以拥有琳琅满目的花色品种、新颖优质的面料和精巧的做工而成名，它的每一种产品都针对不同的目标群，走进“鳄鱼恤专卖店”，你总能从中找出一件你最喜爱的衣服。

鳄鱼恤服装有限公司对消费者进行深入的调查分析，针对不同的消费者生产不同的服装，满足不同人群的需求，他们每生产一件服装，都知道那件服装是生产给哪一类人的。

比如，“鳄鱼恤”的男装就包括了休闲服、高尔夫、上班服三大系列，针对性相当强。

休闲服的色彩明快，既有“鳄鱼恤”的传统风格，又不失其活跃的一面，因而它的穿着对象多是年轻人，其面料舒适天然，感觉宽松自在，是外出旅行的必选之一；货品种类包括了全棉内衣裤、衬衣、T恤衫、袜子、毛衣、休闲西装、休闲裤、夹克衫等。

高尔夫系统以名贵线条和菱形格或“打高尔夫球”的图案为标志，用料讲究，穿着自然而舒适，因为打高尔夫球是一种高尚的运动，深受白领人士的喜爱，所以它的风格为高尚典雅。货品种类有T恤、夹克衫、毛衣、高尔夫运动裤等。

上班服是专为高级行政人士量身定做的，它精心细致的手工和得体的裁剪、时尚的设计，每一个细节都处理得一丝不苟，正符合高级行政人士的处事风格，因为它表现为传统、典雅、舒适、货品种类有夹克、风衣、大衣、皮夹克、皮大衣、羽绒服、内衣裤等。

针对“白领丽人”，“鳄鱼恤”所表现出的风格为清丽、妩媚。货品种类应有尽有，上班服有衬衣、T 恤衫、西装、西装裙、西装裤、毛衣、毛背心、大衣、皮衣等，休闲系列有衬衣、T 恤、休闲裤等。无论是职业女性还是休闲少女，都可以找到适合自己的“鳄鱼恤”服装。

童装系列要分年龄段。“鳄鱼宝宝”指是 0—3 岁的婴儿全棉装；4—13 岁称作“鳄鱼仔”；14—18 岁是中童装。

此外，还有各种皮制配包、钱包、皮带、领带夹、胸花、笔、手表等配饰。

鳄鱼恤服装有限公司深深了解，每种顾客都是一个小的细分市场，因此企业在生产前一定要首先进行调查进而细分市场，这也是它能成功的一个重要原因。

“鳄鱼恤”之所以受欢迎，主要原因在于企业采取了有效的市场细分策略，每一个消费者，都可以从这些服装中找到一件自己喜欢的，并发自内心地说：“这一件是专为我制作的。”

“鳄鱼恤”的实践也使同行业者意识到一件事情，即世界上没有标准化的消费者，因此也不应该只生产标准化的产品，企业生产每件产品，都应知道它的目标顾客是谁。

第二章　痛点思维

一家希望在市场上保持领先的公司，最重要的工作之一，就是了解消费者的“痛点”，并缓解它们造成的痛苦，将痛点进行分类和组合，这就可能成为产品创新的源泉。如何找到用户最痛的那一根针。第一步：找到一级痛点那一针；第二步：找到 1 个痛点的名字；第三步：找到 100 个超级用户。

1. 痛点是一切产品的基础

一位保险销售员向女企业家推销保险。后者听完介绍后说：“有一回我在商城看到了一串白金钻石项链，的确很漂亮，可是30万元一套啊！这套项链我梦寐以求很久了，也去看过好几回了。当我准备付款买下时我问自己，不买会死吗？不会死。有别的东西代替吗？当然有。这次保险，我同样也要这样问自己。如果我不买保险，难道会死吗？”

听了女企业家的话，保险销售员回答说：“人不买保险不会死，但如果死的时候会死得很惨。当然不是你死得惨而是那些依靠你的人会很惨。因为你死后你是什么都不需要了，但是活着的人呢，他们万事艰难，什么都需要。保险是唯一能让他们获得最大保障的方法，没有任何东西可以替代。”这一番话，成功地说服对方买了保险。

保险销售员找到了客户的痛点。有时候，极力向客户渲染“不买某件产品的痛苦”，而不是像传统营销方式那样总是推崇“购买产品能得到的良好体验”，反而更能取得意想不到的效果。

移动电话并不是苹果公司发明的，但是，乔布斯认识到，消除消费者的“痛点”，也就是制造更好的手机，改善消费者的生活。而后，我们看到的结果是，一个以消除消费者的“痛点”为主导的苹果，颠覆了一个以产品功能为导向的诺基亚。

乔布斯就曾经提到，他们一开始并没有想到一定要制造一个iPhone，而是他和公司高管每天坐在一起经常抱怨他们有多痛恨自己的手机时，他们意识到，公司的消费者可能也有同样的问题。

一款产品的成功往往来源于对用户真实需求和场景细节的深刻理解。比如，QQ 诞生初期之所以击败了更早流行的舶来品 ICQ，正缘于其一项关键性创新：ICQ 当初将用户资料、好友关系等数据都保存在客户端即电脑上，但在 2000 年前后的中国，用户上网环境多为网吧，一旦换台电脑所有好友就都消失不见了，而 QQ 做出的改变就是将所有资料都保存到服务器上，让用户无需再担心这一点。

现在看来，这是个非常容易得出的洞察，不是吗？但轻易得出的事后往往忽略了那些真正在背后起作用的因素：产品经理对未知世界的好奇心，对那些看似不起眼细节的敏锐捕捉等。从一线产品经理的独特视角出发，深度观察三四线地区用户对于移动互联网的需求痛点。

有人调查中国最活跃的手机用户有几个品牌，苹果、小米，还有三星 Note，有的人做深入调研时，做产品经理一定要知道得女人者得天下，你搞定女生用户就能搞定大部分用户王国。产品调查女生为什么会用三星 Note 手机，因为 Note 手机能让女生显得脸小，这是一个很痛点的需求。

优秀的产品经理往往比普通用户对产品本身更加敏感。他们多数会体验更多的应用，也善于从散布的案例中归纳出用户潜藏的呼声。

作为产品的运营和设计者，他们又有渴望、有激情、有机会将自己对产品的体察，将既有产品不完美或者未能解决的问题的感受融入到自己的产品中。

一家希望在市场上保持领先的公司，最重要的工作之一，就是了解消费者的“痛点”，并缓解它们造成的痛苦，将痛点进行分类和组合，这就可能成为产品创新的源泉。

2. 顾客的痛苦是最终的可再生资源

创业者怎样在产品和服务存在之前，就能确认顾客会买账呢？为了回答这个问题，需要先回答另一个问题：为什么人们会买账？这里有两个最基础的答案，人们通常把钱花在两件事上：

第一，他们经常把钱花在对抗痛苦上；

第二，他们把钱花在追求享乐上。

将痛苦和快乐按这样的次序摆在一起是有原因的。所有事都是平等的，当一个痛苦或问题越是深刻沉重，你就越有可能找到一个对抗它的办法。而越能对抗这个痛苦，顾客就越快地购买。

从创业者的角度来看，这意味着“做痛苦的生意”常常要比“做快乐的生意”要好。解决痛苦的生意往往在持久力上也要更好一些。

创业者常在最后将“顾客之痛”作为“顾客需求”或“顾客问题”的代名词。当我们在卖电动小工具或新款衣服的时候以“舒缓顾客之痛”为名，或许有些言过其实和讽刺。但强调“顾客之痛”而不是强调需要或喜好也是为了说明一点：顾客是人。

他们通过经验的棱镜去感受世界。他们能感受到什么事物在挑战或干扰他们——对，他们的痛苦在干扰他们。但人们却常常想不到解决痛苦的方案——这就是建立在痛苦之上的需要。

所以，把眼光投向痛苦。想想那些让人民感到不安、沮丧、紧急或难受的事。然后带着这些清楚的认识并铭记于心的痛苦，开发治疗的方法，并将开发的重点放在“康复痊愈”上。当你尝试去投入一次创业风险，“让痛苦消失”可以作为你的指导。

除此之外，你需要关注的不仅是辨认痛点是什么，还要想清楚人们什么时候认为这个需要是最迫切的。比起解决一些没那么严重的事，解决一个当前剧烈的痛点会更有卖点。举个例子，卖阿司匹林从来都会比卖维生素容易。

而人类对终止疼痛的渴望，同样适用于企业客户。

企业普遍在努力做两件事：增加销售量和减少成本。如果你可以让企业客户寻找新市场，制作新产品或甚至可以提高现有产品的价格，那么你就在增加销售量方面解决了他们的痛苦。如果你可以为企业客户提供一个创新的方法帮他们管理劳动力，建立基础架构，那么你就在减少成本上解决了他们的痛苦。

最后一样要考虑的事，是顾客与最终产品使用者并不一定要是同一个人。如果你卖游戏或玩具，你的用户往往是孩子，但实际上那些买下你产品的顾客却很可能是孩子的父母。同样的，如果你是Google的用户，但只有你用Google AdWords时，你才是Google的顾客。

如果你有一个新的创业想法，想验证是否抓住了顾客真正的痛点？这里有一个简单的方法：问自己，你是否可以用寥寥几句就能描述出你的公司所解决的痛点是什么？为什么别人需要在意这件事？同时，你是否可以用这个简单的解释让你的一位潜在顾客买你的账？

如果这些都可以的话，那么恭喜你。你已经比大部分创业者领先了。那些需要大段文字才能描述市场或说服潜在客户的创新者和创业者，可以说他们并没有将他们的业务充分提炼出来。

想想那些世界上最成功的公司，那些已经被我们作为标杆的公司。你或许能很快地讲出这些公司是做什么的，这往往也是他们解决的顾客之痛。

如果你不能阐明你正在舒缓的顾客之痛，这个事实是否致命呢？它最终可能会的，但它也可能只是意味着你的创业理念还没有完全成形。很多优秀的创业者通过无数次的迭代更新才想清楚他们产品的最佳用途。找到痛点也需要时间。

很多顾客的需求并不能被顾客自己完全理解或表达清楚。为什么要买一个 iPod 而不买没有这么贵的 MP3 播放器？为什么要开雷克萨斯而不是一辆丰田？为什么要在都是人造甜味剂的碳酸饮料里面挑特定的一个牌子？通常这些问题的答案和功能无关，更多和形象、感受和无形资产有关。

举个现实中的例子，服装品牌 AF（Abercrombie & Fitch）在 2010 年的时候总收入达到 35 亿美元。它的运动服装商店已有百年历史。是什么让它和其他竞争对手有所区隔呢？他们的重点不在于卖衣服，而是售卖生活方式和承诺。

走进店里，你能看到大画幅的印有穿着衣服的漂亮青年海报，加强你对 AF 的印象。你一直认为变好看需要痛苦的节食和锻炼？这家店给你的信息是，你真正需要的其实是一条 120 块美金的牛仔裤和一件 70 块美金的 T 恤衫。

当我们将无形资产的需求当作顾客痛苦的一部分时，我们容易变得愤世嫉俗。当然，有些无形资产的需求看起来很傻，但其中一部分是合情合理甚至是重要的。有时候作为一位创业者，需要懂得这些可能都是需要强调的最剧烈的痛。

创造性的突破往往会导致新的顾客痛点诞生。比如，没有人需要一台汽车直到有人开始生产汽车。没有人需要身份盗窃保护或信用监控直到有人创造了个人信用报告去解决借贷的问题。

苹果首次推出 iPod 的时候正值 Napster 的全盛时期，人们还可以免费地在互联网中分享音乐。但顾客对产品的广泛接纳可以说让苹果发现了一个未被满足的新需求：顾客希望能够快速、容易并相对便宜地获得想要的音乐，还有另一个需求可能对他们来说更重要——合法获取。所以 iTunes 诞生，并成为了苹果最成功的产品之一。

与此同时，苹果设计的 iPod 只能和耳机一起使用。用户可以以新的方式对音乐进行传输和播放，但却不能大声放出来分享。这又是一个新的痛点，所以很多其他公司开始开发 iPod 的配套硬件，例如外部扬声器和基座等。

所以，对趋势和创新提高警惕，但不要像其他创业者那样看到趋势便急急忙忙地做个 copycat 冲进市场，而是将眼光放在每个创业者产生的新痛点上，即使他提供的是和你产品无关的解决方案。你一定能找到些灵感，因为投资者常问创业者的一句话是："用户的痛点在那里，你是如何解决的"。这句话的实质就是项目是否有市场需求，用户是否愿意买单（没有真正的免费，所谓的免费是用户拿时间和机会在买单）。

今天我们就聊聊如何寻找用户的需求。需求是分层次的，在不同的时期对需求的理解不同，我一般喜欢从把 需求分成以下两个类型。

第一层需求——“止痛片”。

用户明显感觉有痛，渴望有一种产品或服务能帮他们解决问题。比如最近火得不行的打车软件，你就会经常听到有人抱怨打不到车，电话调度中心的效率低下。这类项目一出来，往往就会被接受，关键是解决方案有没有优势。

第二层需求——“糖果”。

用户已经习惯于已有的方式，没有感觉到有痛，需要你创造一种新的解决方案来优化他们的体验。比如 ipad 出来之前，人们就没想到需要这样的产品。但你看到这样的产品时，发现它提升了你许多用户体验，也提高了你某些工作和生活的效率。

许多人喜欢用“刚需论”来分析项目，但往往很难套用到所有项目上。比如说我们只知道预订电影票和 KTV 是刚需，但很难说清楚网上订电影票和网上订 KTV 是否是“刚需”。这时我们可以试试“糖果论”，分析一下网上预订是否比传统预订更有效率？

大家经常购买电影票时有等待过一个小时以上的体验，也有选不到好座位的情况。网上预订相比传统买票更让用户有确定性，让大家能在准确的时间在喜欢的位置看电影，而不需要傻等。所以网上订电影票提升了用户体验，这也是目前这块市场几家激励争夺的需求所在。

相比网上订 KTV 有没有提升用户的体验？传统方式都是直接去，或电话预订 KTV。相比网上预订，目前我还真分析不出优化了用户的那块体验？没有提升用户体验或效率的事，用户为什么要买单？

谈谈最近看的一个项目，目标是汽车维修的新方式，提出“网上买件，网下修车”。故事大概是这样的，用户上他的网站去订购汽车配件、或维修保养服务，同时可以预约维护网点。创业团队都是资深的汽车行业玩家，所以通过自己的方式保证配件和服务的价格都有一定的竞争力。

他们也深知目前各个小修车行业务量和信任度不够的痛点，也成功吸引了一批线下的网点加盟。乍一听，是很漂亮的故事。

但我问了一个问题，真正会网上下单的人有多少？创业团队答曰：1% 不到，目前主要还是电话在预约，他们正在努力引导客户网上下单。修车毫无疑问是刚需，电商也是业务的方向。似乎 O2O 的候车就成了刚需，那么这个项目的问题出现在哪里呢？

这个项目通过 Online 解决了用户需要的实惠标价和信任问题，算是刚需，但有两个关键难点没有解决。一是用户使用成本很高，他需要首先研究自己的汽车需要什么样的配件和服务。第二个难点是线下加盟点的 SOP 管理问题。最近看了不少服务业连锁类项目，发现这里面最难的还是做 SOP，我们也相信这里面有不少商机，下次专门就这个写一篇。您有什么好的看法或解决方案也可探讨一下。

汽车后市场非常庞大，需要互联化的技术手段和互联化的管理思维来革新。这里面的痛点有很多，谁能解决好这些问题，谁就掌握了机会。另一个需要考虑的问题就是解决用户痛点或提升用户效率时，要考虑有没有带去额外的麻烦？这也决定了用户愿意为你产品或服务买单的成本。

找到用户痛在什么地方后，创业者所需要做的，就是专注。解决用户需求，不意味着复杂。抓住用户的这个痛点，用最极致、最低成本的方法帮助用户解决问题。有时就一个点，就可以让您的产品具有爆发性。

3. 让用户由“痛”变“痛快”

成功的互联网产品，无不都是满足了用户的一个或者多个痛点。微信一开始的成功源于它可以用语音发，这点利用了用户懒惰的特性，让用户用起来很方便，继而很爽。

QQ 通讯录的成功源于它可以将通讯录同步到云端，在能进行批量处理通讯录的同时还避免了通讯录的丢失，因此用户用起来也必然很爽。

消费者确实需要新产品、新技术、新功能，但是创新一定要实实在在地从消费者的需求出发，产品设计理念应该是面向广大消费者的，要让消费者使用起来方便和放心，而不是一味地标新立异，制造一些不切实际、只有噱头没有实用性的产品。

寻找用户的需求和痛点，是在做产品的时候首要考虑的问题。你的产品满足了用户的哪些需求？用户用起来会不会很爽？如果你觉得找到了用户的痛点，那么就去看看你的产品是不是真的能让用户爽起来。

国外某网盘产品经理想设计一个网盘，但又不清楚产品能不能满足用户的需求。于是，他没有做任何与产品设计相关的工作，只是把此网盘的产品大概型态和操作流程拍了个视频放到网上，统计需要此网盘的用户数量，需求量达到一个数字级别后才开始进行产品设计和开发，这样就避免了产品设计出来后没有人用的恶果。

无独有偶，国内某皮鞋批发商，专门去各个皮鞋批发地拍摄各式各样的皮鞋照片，然后通过邮件等方式发给朋友、网友等，看看哪种皮鞋需求量最大。等有人想购买皮鞋时，这个批发商再去批发地购买，再邮购给终端用户。

这两个例子充分说明了：我们在设计产品的时候也应该知道，在着手做之前，应该要清楚这个产品成功的概率大不大，用户是不是喜欢，在有一定把握的时候再开始动工！

创新要为顾客带来价值，在流行创新的今天，只有为顾客带来价值的创新才能真正实现市场价值，也才能实现创新的最终目的。

2010 年 1 月 27 日的苹果公司新品发布会上，当乔布斯穿着那套千年不变的黑衣蓝裤出现在人们眼前时，所有人都将目光聚焦在他手上那看似笔记本电脑，却更像个超大手机的东西。ipad，打破了所有人的眼球。

平板电脑，作为笔记本电脑的浓缩版，在之前的十年里三星、惠普、宏碁、联想甚至微软都曾经推出过，它的功能强大，试图取代笔记本电脑，但是在市场反映上却是不温不火。

可是，乔布斯成功了，“比笔记本电脑更具亲和力，比智能手机更强大”。这是乔布斯对 ipad 的定位。ipad 可以打游戏，听音乐，画画，看电影，写点东西……它如此小巧，680 克的重量，长不到 25 厘米，只有 1.25 厘米的厚度，像一本大书，你可以把它揣在包里，随时拿出来享用。

更重要的是，它解放了你的一只手，你只用一只手就可以完成对它的操控，很多购买者甚至将 ipad 带入厕所，ipad 不仅让人重新衡量了上厕所的时间，更让人重新定义了笔记本电脑。

从消费者角度出发，洞悉消费者内心真正的需求，是在创新产品之前需要做的基础工作，只有这样，新技术才能从科研成果的陈列品中走出来，进入消费市场和大众生活，也才能为企业注入新的活力、带来新的盈利增长点。

4. 不要相信用户的嘴，相信他们的腿

福特汽车公司创始人亨利·福特说：如果在汽车时代早期询问客户有何需求，很多人可能都会回答说“要一匹跑得更快的马”。用户压根不知道自己需要什么，直到你把它摆在他面前时，乔布斯如是说。

一百多年前，福特公司的创始人亨利·福特先生到处跑去问客户：“您需要一个什么样的更好的交通工具？”几乎所有人的答案都是：“我要一匹更快的马”。很多人听到这个答案，于是立马跑到马场去选马配种，以满足客户的需求。但是福特先生却没有立马往马场跑，而是接着往下问。

福特：“你为什么需要一匹更快的马？”

客户：“因为可以跑得更快！”

福特：“你为什么需要跑得更快？”

客户：“因为这样我就可以更早地到达目的地。”

福特：“所以，你要一匹更快的马的真正用意是？”

客户 :“用更短的时间、更快地到达目的地！”

然而，福特并没有往马场跑去，而是选择了制造汽车去满足客户的需求。

由于用户基于他们的阅历与认识，他们习惯把自己的需求套到现实中可实现的方法或物质中。所以，回答是一匹跑得更快的马，并不意味着这就是他们的需求。

福特是一个商业的天才，更是产品的天才。

他可以发现人们需要“更好的交通工具”这个大需求，并肯定了这个需求的渴望程度会随着社会交往的扩大越来越强，同时他也肯定了“更快的”这个用户的首要期望，结合这个期望开始思考。

然后，他又判断出汽车比火车有更低的成本，而且对于用户更有价值，将会替代火车。最后，他用“汽车”而不是“马”来实现需求、满足并超越期望，同时引导用户往下的进一步需求和期望，于是，他的商业回报自然而然地产生了。

很多人不能做到准确地分析客户需求，是造成上述尴尬局面的主要原因。那么，什么才是客户真正的需求？上面那个福特先生与“我要一匹更快的马”的故事很好地说明了这一点。

客户需求有显性需求和隐性需求两大类。我们通过市场调查得知的往往都是一些诸如“我要一匹更快的马”这类显性需求。客户的显性需求并不是客户的真正需求。

企业需要根据所收集的显性需求信息进行深度挖掘和捕获，以了解客户的隐性需求是什么，进而分析出客户的真正需求是什么（例如 : 用更短的时间、更快地到达目的地）。这就是一个需求分析的过程。

乔布斯所言："我们的任务是读懂还没落到纸面上的东西。"实际上就是对客户隐性需求的深度挖掘，就是客户需求分析。

一个卓越的设计者，自己会作为用户的一部分深入了解他们，并带着用户一起走。听到"更快的马"以后，他们会先去考虑需求是"更好的交通"工具，然后再结合"更快的"这个主要期望，从而引导需求，并获取更丰厚更长久的商业利益和用户双赢。

洞察需求，其实就是在分辨"更快的马"这句话中，究竟"马"是需求？还是"更快"是需求？

现在，越来越多公司意识到，消费者参与是如此重要。互联网让服务商和消费者，生产制造商和消费者更加直接地对接在一起。厂商和服务商可以如此之近地接触消费者，这是前所未有的。消费者的喜好、反馈可以很快地通过网络来反映。

因为互联网，用户参与产品开发的方式变得更为简单，用户们可以加入产品设计群，对产品提出各种意见，参与的用户即是设计者，以后也会是产品的拥护者与购买者，以此来提高归属感。

魅族是国内做粉丝营销相对成功的企业，魅族成功的关键在于十分关注产品的开发与设计。"煤油"们可以直接与产品研发人员对话，说出自己的想法和意见，参与整个产品开发的各个环节，让用户感觉自己不是被动地接受产品，而是与魅族一起设计自己想要的手机。

总经理黄章会在论坛上发起调查，询问网友诸如喜欢黑色还是白色？按键的设计、是否需要腾讯官方的QQ软件、甚至是专卖店开在哪里比较合适等话题，在魅族研发M8最高峰的时期，互动社区有超过 140 万的会员，每天在线超过 1 万人。

从某种意义上来说，决定产品的并不是制作团队，也不是设计团队，而是用户，每位粉丝都是设计师。在产品用户讨论某一失败功能或者抱怨某一缺陷的时候，虽然看似对品牌有所损害，但是只要抓住机会，迅速回应并且做出改变，那么结果可能喜闻乐见。

张瑞敏在互联网创新大会上表示：未来，海尔要做到的是，无价值交互平台的交易都不应存在、无用户全流程最佳体验的产品都不应生产。张瑞敏要让用户参与到海尔产品的设计和生产中来。

海尔成立了智慧家庭北京创新中心，由上市公司青岛海尔董事长梁海山主抓，在两年的时间内，网罗了大批来自百度、腾讯、360 等公司的人才，成为海尔未来新品研发、产品形态、营销等决策中心的一环。

这家由众多互联网人士组成的团队几乎以每周从北京到青岛往返的频率与海尔各产品线的人进行对接。

海尔内部已形成了一套不成文的规定，海尔空调、厨电等各事业部的负责人轮流带领团队，每周向海尔高层汇报本周在产品推广、营销等与用户互动的情况。例如，建了多少个微信群，在第三方平台上与用户互动有哪些成功的案例。

海尔目前拥有的八万多名员工中分成了两千多个自主经营体，他们要承接的第一象限是用户的交互数据。

海尔要求这两千多个自主经营体都要有自己的用户，否则就没有存在的意义。

海尔的空气盒子就是海尔智慧家庭北京创新中心团队建立用户

圈子、了解用户行为、打造用户圈子的产品。

根据用户需求来研发产品，再发动消费者来创意，体现出互联网时代消费者在产品研发过程中的重要作用，海尔开启了产品交互体验的一个新篇章。

在新的形势下，要求企业在更高层面上来实现“以客户为中心”，不是简单地听取客户需求、解决客户的问题，而是让客户参与到商业链条的每一个环节，从需求收集、产品构思到产品设计、研发、测试、生产、营销和服务等，汇集用户的智慧，企业才能和用户共同赢得未来。

5. 王老吉巧用“情感营销”

时值年末，整个社会的焦点都聚集在春节之上。春节，是中国最传统、最重要的节日，是源远流长的中国文化的集中体现，也是一场全民的狂欢。

春节的重要性无需多言，也正是因为其重要性，春节成了商家的必争之地。从足以秒杀真人秀冠名价格的天价央视春晚广告，到除夕夜满天飞的红包，商家为了搭上“春节营销快车”简直是“无所不用其极”。可以说，如果一家企业在春节期间无所作为，那就是其全年营销战略的失败。

春节之所以能够成为商家们全年营销战略的重中之重，因为春节意味着大规模消费，然而却又不仅仅在消费层面。

对于中国人来讲，春节蕴含了过多的情感在里边。它更是情感上的消费，是表达内心情感的一个重要的机会。谁能深入人心，谁就赢了一半。

如何打好春节情感牌？

情感牌，无非就是要从消费者的情感需要出发，唤醒和激起消费者的情感需求，引起消费者的共鸣，让有情的营销赢得无情的竞争。

其实，在营销过程中，人是“理性的卫道士”，同时也是“情感的俘虏”。当产品成为消费者的情感寄托之时，产品价值已经不能用金钱来衡量了，消费者早已被品牌情感所征服。而春节情感的嫁接需要牢牢掌控营销的痛点：

痛点一：中国人对回家团聚的期盼

回家过年是所有中国人的夙愿，而春运买票难则是中国人无法回避的痛点。春节大迁徙中一票难求的场景每个中国人都不会陌生，在此背景之下，王老吉连续四年开展“让爱吉时回家”公益活动，帮助奋斗在外的游子们返回家乡，与家人共享“吉”时欢聚时刻。

在2016年春节来临之际，王老吉“让爱吉时回家“公益活动再次启动，并创新性的推出爱心专列、爱心大巴等形式，为游子拓宽春节回家绿色通道。仅春运首日，“让爱吉时回家”的爱心列车就顺利帮助1472名贫困大学生及务工青年顺利返乡。

春节，对于消费者来说，没有什么比“吉”时回家更重要；而对于品牌而言，如何抓住“回家”“乡愁”这些情感共鸣点，来提升品牌知名度和美誉度，是演好春节营销的关键。

王老吉“让爱吉时回家”彻底帮助消费者解决了“春运回家难”困境，同时通过“送回家吉金”、爱心专列、爱心大巴等形式，王老吉成功地将更加贴心的关怀传递给消费者，从而迅速提升了消费者对于王老吉的好感度和美誉度。不得不承认，“让爱吉时回家”值得同行们学习。

痛点二：中国人的红红火火传统情怀

如果说“让爱吉时回家”是王老吉帮助消费者解决了回家难题，那么“中国红”宣传片则是王老吉为消费者送上的“吉庆”祝福，正中消费者红红火火的传统情怀。

2015 年，王老吉春晚预告片——“中国红”宣传片登上央视。“中国红”宣传片，以挂灯笼、放烟花、吃团圆饭等传统民俗为场景，喜庆的“中国红”色调，营造了春节团圆喜庆、吉祥、欢乐的气氛。无论是内容方向还是寓意，皆体现了王老吉“吉文化”的品牌内涵。

红，热情、温暖的中国红，象征着喜庆、热闹与吉祥，是中国人对吉祥如意的精神寄托和吉祥美好生活的一种期盼。正如人们以红为辟邪之色、渴望幸福的夙愿一样，王老吉也代表着趋利避害，对美好、幸福、平安生活的渴望和追求。

自创立以来，王老吉就提出了极具中国本土文化特色的“吉文化”理念，坚持走中国传统文化情感路线，并进行市场传播。而在春节期间，“吉”又贯穿和浓缩了所有中华儿女的期盼和情感，这成为王老吉借力大平台推广“吉文化”的最佳时机，王老吉又用实际行动为我们诠释了如何进行借势营销。

痛点三：中国人走向世界的民族情怀

每个中国人的内心深处都有光宗耀祖、推动中华民族走向世界美好期盼，这是根深蒂固的民族情怀，作为“吉文化”的代表，王老吉也在致力将中国的“吉文化”推向世界。

2015年12月31日跨年时分，王老吉将“中国红”点亮纽约时代广场大屏幕，向世界人民献上了新年第一声问候，拉开了中华“吉文化”全球推广的大幕。让全世界领略到了中国企业、中国“吉文化”风采。

2016年，从“中国红”点亮纽约时代广场大屏幕，向世界人民献上新年第一声问候，到“让爱吉时回家”，再到王老吉春晚预告片——“中国红”宣传片登上央视。

王老吉一方面通过一系列线下活动落实“吉文化”，一方面不断从形式上和内容上丰富“吉文化”，成功传递了“吉庆”迎新年的理念，营造出王老吉“吉文化”的独特魅力与吉庆氛围，不仅更有力地与消费者形成了好感度与黏稠度，更在无形中提升了品牌的美誉度。

农历丙申猴年将至，王老吉在微博上发起“猴年吉祥”话题，引发网友的热烈讨论。仅仅几天时间，话题阅读量就超过了3.3亿次，讨论量超20万。包括刘亦菲、谢娜、胡军、林永健等各路明星大咖纷纷参与进来，发微博送祝福。

营销规律告诉我们，抓住用户痛点，并结合品牌特点，持续不断地进行品牌宣传才能保证信息“过处留痕”。

在即将到来的春节之际，王老吉围绕着春节“回家难”“团聚”的传统痛点，全方位，立体化的品牌营销持续进行品牌营销，不仅完美实现了“吉文化”的宣传，营造了“吉文化”的独特魅力与吉庆氛围，更树立了王老吉品牌营销的标杆典范。

第三章 整合思维

IBM 横向整合产业链成为 PC 机时代的蓝色巨人，苹果通过纵向整合成为 21 世纪的创新先锋。在新的互联网时代，团购、众包、众筹……都是整合思维下的“蛋”。

1. iPod 整合：重塑音乐界

很多时候，人们沉浸于双方的利益不肯退让而束手无措，整合思维通常在一个更宏观的角度去思考问题，不局限于争执，以一个独特的角度绕开了争议点。

整合思维关注他人所忽略的关注点，想他人之所不想，有严密的思维体系将事情的内在要素以逻辑形式联系起来，从而找出问题的关键。

所以，整合思维首先认识到事情的本质内涵，抓住关键要素。由于把握了事情内在要素的逻辑，因此在面对冲突时整合思维选择了正确舍弃与坚持，退让而不回避，绕路超越而不走回头路，看到了优于矛盾点的解决方式。

如何把握事情的本质？即要正确理解事情的根本目标，深入理解人们的行动方向和目的，从而不拘泥在传统思维模式里。其次，要从整体把握事件，不割裂，不断层，从而促成矛盾双方的相互转化。

如何以独特的视角看待矛盾解决矛盾？正确把握时间的本质后从全局视角看待时间，跳脱出思维僵局，找出矛盾背后的逻辑，即使是矛盾也一定有其本质共同点，找到它就是解决它的第一步。

任正非说："世界有两次整合是非常典型的成功案例。"第一个案例就是 IBM，IBM 在 PC 机上就是抄了苹果的后路。

在 PC 机上，IBM 有着巨大的贡献，但是在新技术产业扩张的时候，IBM 已经应对不过来了，IBM 就发明了一个兼容机，这个兼容机谁都可以去造，你给我点钱就行了，就是它横向把这个PC机整合完成了，这个是对人类的贡献，IBM的横向整合是很成功的。纵向整合我们现在讲的是苹果，它是纵向整合的成功案例。

纵向整合指整个产业链上下游之间进行的整合，与之对应的是横向整合。横向合并亦称水平式合并。生产和销售相同或相似产品、或经营相似业务、提供相同劳务的企业间的合并，如美国波音飞机制造公司与麦道飞机制造公司的合并，法国雷诺汽车制造公司与瑞典伏尔加汽车制造公司的合并，均属横向合并。

史蒂夫·乔布斯的传奇故事显然是硅谷的创世神话：在众所周知的车库中开始创业，然后把企业打造成了世界上最有价值的公司。他并不是很多东西的直接发明者，但是在整合创意、艺术和技术方面，他是一位大师，他用他的方式不断地创造着未来。

在领略到图形界面的魅力之后，他用施乐（Xerox）做不到的方式设计了Mac电脑；在享受了把一千首歌放进口袋的乐趣之后，他用自己的方式创造出了iPod音乐播放器，而拥有资产和传统的索尼却从未能实现这点。

2001年10月23日，iPod正式发布。

尽管用漂亮的外观和惊人的容量赢得了一片喝彩，第一款iPod的销售情况却比较一般。一个主要原因是，仅靠从正版CD翻录MP3，不花上大量时间，用户根本填不满iPod超过1000首歌的惊人容量。

乔布斯意识到，单靠硬件的革命，不足以让数字音乐产业天翻地覆。苹果必须在正版音乐分享的商务模式上来一次前无古人的革命。

天知道乔布斯为什么笃信苹果可以在音乐领域开创未来商业模式。他的设想听上去很简单——利用苹果的软硬件平台，由用户通过互联网下载正版歌曲，按照下载的单曲数量付钱给苹果。大多数歌曲的定价是 0.99 美元每首。然后，苹果再和唱片公司分账。

细想起来，这个模式有一个最大的难点：那些靠卖正版 CD 发家的唱片公司凭什么跟你苹果分账？唱片公司凭什么相信，你苹果就能改变网民此前下载免费 MP3 的习惯，从他们钱包里掏出钱来？能一张专辑一张专辑地去卖钱，唱片公司凭什么要按单曲下载来收费，每支单曲的价格还这么便宜？

乔布斯凭自己的一张嘴，就足以说动最大的唱片公司和苹果合作。

乔布斯决定，从最大的唱片公司华纳、环球和百代开始谈起。

那一个时期，唱片公司的高管经常飞赴库比蒂诺的苹果总部找乔布斯，仿佛乔布斯是一个炙手可热、各大公司纷纷争抢的新出道歌星。当然，乔布斯说服唱片公司的本领也的确很有一套。

比如，iTunes 和 iPod 用户数量不多，乔布斯就说，这么小的用户规模利于尝试新鲜事物，而且，根本不可能搞垮传统唱片业。

再比如，唱片公司对这项合作的前景犹豫不决时，乔布斯就通过各种渠道放出谣言，说苹果正在考虑收购环球。这谣言让其他唱片公司惴惴不安，猜不透未来唱片业的走势究竟如何。

另一些时候，当唱片公司的老总们沉溺于 CD 唱片的辉煌时，乔布斯就会像个预言家一样告诉这些老总，技术换代迟早要来，没有准备好的公司必将被淘汰。

反正，在谈判桌上，乔布斯把唱片公司的老总们忽悠得团团转，既有怀柔，又有威吓，不出几个月，一张张多米诺骨牌相继倒下，连盛气凌人的索尼唱片也追进来。苹果顺利地得到了几乎所有主要唱片公司的支持。

2003年4月，苹果iTunes音乐商店正式上线。iTunes用户可以直接在网上商店购买歌曲。音乐商店取得了巨大的成功，不但带动了苹果自己的销售，也为唱片公司开辟了全新的销售渠道。

不到3年，iTunes音乐商店就有了两百多万首正版音乐。今天，欧美几乎所有主流唱片公司都已将iTunes音乐商店作为新专辑发布的第一选择，CD唱片正在淡出人们的视线。

iTunes音乐商店是苹果从商业模式上改变世界的一次成功尝试。毫不夸张地说，没有苹果的音乐商店，音乐载体从物理唱片到网络音乐的革命至少要推迟10年。

在人类科技发展史上，这足以与电影由胶片向数字化的转变，或者图书由纸质向Kindle等电子书的转变相媲美。

iTunes音乐商店的上线甚至震动了乔布斯的老对手和老朋友比尔·盖茨。盖茨在一封题目为“又是苹果的乔布斯”的内部邮件中，不无嫉妒地对微软高管说：“乔布斯再次让我们尴尬。”

盖茨在邮件中感叹，乔布斯竟然能说服唱片公司授权苹果运营廉价的单曲下载服务，这简直就是奇迹，除了乔布斯，没有人能搞定类似的合作协议。

音乐商店带动了iPod的销售增长。2007年4月，苹果宣布了一个近乎让果粉们痴狂的数字：上市才5年半的iPod已经在全球卖出了1亿台。

2011 年 6 月，一个更让人瞠目结舌的数字诞生了——iTunes 音乐商店在过去的 8 年中，总共卖掉了 150 亿首歌曲！

iPod 成为了全世界的音乐潮流，无论是平民百姓，还是明星大腕，都视 iPod 为音乐生活的一部分。电影《哈利·波特》中饰演狼人教授卢平的饰演者戴维·休利斯（David Thewlis）就说："我现在对音乐的狂热和 16 岁时相比有过之而无不及。我会花整整一下午去听 iPod 里的歌曲。听 iPod 的感觉太奇妙了。

"这是 21 世纪最伟大的发明。" 2004 年 7 月，美国总统布什的双胞胎女儿送给父亲的礼物，也是一台 iPod。

乔布斯对一个简单的整合手段的坚持造就了令人震撼的产品，而这些产品打上了拥有愉悦的用户体验的烙印。

"软件和硬件的结合正在变得更加彻底，昨天的软件就是今天的硬件。这两个东西正在融合。它们之间的界线正在变得越来越细。我们需要做的众多事情之一就是预测几年后的趋势；尝试不同科技领域的融合，做一些假设和明白客户对高端工具的需求的方式来找到两者的交叉点。"

这听起来更像是某位三星或者 Google 的高管刚刚发表一番宏论。但这确实出自 30 年前，那个还没有 Macintosh、微软、图形界面或重要软件的时代。

但这是乔布斯 1980 年的讲话，在三十多年前，乔布斯就看到了软、硬件整合的大趋势。

创新者最重要的差别就"整合能力"，即将各个不同领域内看似无关的问题、困难或想法成功地联系在一起的能力。

在经济全球化的背景下，资源环境发生了根本的改变。互联网是这个变局的推动者，它从各个层次和各个角度提高资源的整合水平，有力地促进了经济的进一步发展。

2. 众包：让用户制造产品

《连线》杂志记者杰夫·豪威（Jeff Howe）提出，他认为，众包就是“把内部员工或外部承包商所做的工作外包给一个大型的没有清晰界限的社会群体去完成”。

众包的意义不仅在于获得更完美的解决方案，更在于满足消费者需求。当参与者是潜在的消费者时，它的独特价值就显现出来了，因为消费者最了解自己想要什么，因此，创意无限、智慧无穷的他们往往能创造出超越世界顶尖公司的好产品。

更重要的是，众包还提供了一个平台，无论是艺术家、科学家、建筑师、设计师还是一个涂鸦者，都能充分发挥自己的想象力，创造一个独一无二的产品，每一个产品都有可能创造一片巨大的蓝海市场。

在崇尚个性的时代，人人都希望自己是产品设计师，拥有自己的专属产品，遗憾的是大多数传统企业仍旧遵循着老套的商业模式，制造并销售自以为创意无限的产品，消费者真正需要什么，他们未必清楚。

个性化是一个不可逆转的趋势，只有让更多的消费者参与到产品设计中来，才能源源不断地涌现出令人惊喜的创意，才能满足个体的独特需求。

2000 年，Jake Nickell 在芝加哥在线社区 Dreamless 发起的 T 恤设计大赛中赢得大奖后，就萌发了建立一个 T 恤衫设计社区的念头。

当时，大多数企业都遵循传统的售卖方式：按照事先设计好的模板成批生产 T 恤，但总有一些顾客不喜欢，以至于仓库里总会有整包整包没开封的“旧 T 恤”。

所以，他想，为什么不让顾客在购买之前给 T 恤设计打分，只生产那些分数最高、订单最多的 T 恤呢？这个听起来非常简单的商业想法，却让 Threadless 成为了互联网创业的成功典范之一。

Threadless 给全球设计师提供了这样的平台。每周，它都提供不同款式、颜色但没有图案的成品 T 恤，然后邀请设计师创作、提交各种 T 恤图案，放到网站上供访客评分（通常从 0 到 5 打分）、挑选，评分最高的图案最终会被印制在 T 恤上卖出去。

得分最高的设计师除了能获得奖牌、2000 美元奖金和 500 美元礼券外，设计师的名字将印在每件 T 恤上，留下独特的个人品牌烙印。

由于 Threadless 的个性化 T 恤相当便宜，价格仅为 15~20 美元，因此它一推向市场就受到百万年轻人的追捧，其营业额几乎是以每年翻一倍的速度增长，2002 年的销售收入为 10 万美元，但到了 2008 年就已经高达 3000 万美元。

如今，尝到甜头的 Threadless 推出了多个类似的项目，其中包括儿童服装网站、设计墙纸和领带的网站等。鉴于 Threadless 的成功，其他传统企业也纷纷效仿。

PC 制造商戴尔联合 Threadless 推出了 11 款艺术笔记本外壳，

消费者只需在原来的价格上加85美元设计费用，就能获得个性化的笔记本电脑；HP联合MTV举办了一个名为“Take Action. Make Art”的全球创意设计大赛，获得全球设计冠军的精彩作品将制作成HP全球限定版笔记本电脑。

众包为人们提供一个很好的解决思路，那就是让“用户制造产品”。这或许会对生产效率、库存管理提出更高的要求，但有什么比满足消费者的需求更有价值呢？事实上，越来越多的众包企业解决了“个性化”与“规模化”之间的冲突。

3. 大家投自众筹——天使式众筹

2013年5月，黑天鹅图书得到了腾讯内部员工撰写的一部书稿——《社交红利》。拿到书稿的第一天，黑天鹅图书就意识到了书稿的价值。

一位新浪微博的高层，向黑天鹅图书推荐了众筹模式。众筹的核心是众人付费来支持一个项目，几个特质恰好符合社交网络传播的关键：一、众人因为对某一个项目和发起人的信任，而会给予支持；二、成为支持人后，为了推动项目更大成功，参与者会变成一个新的传播源头，推动项目更快速地前进。

在微博和微信中，最好的传播正是用户积极主动地参与一件事情，并发起身边的朋友们一起参与。

这个建议立刻得到了黑天鹅图书的响应，并与众筹网一拍即合。对于众筹网来说，值得信赖的项目同样是它们需要的。

在这时，黑天鹅图书尚未意识到互联网金融在业界所受到的关注，众筹也未意识到这次合作将带来的启发。

7月26日23：56分，众筹网正式挂出了页面，向网友推荐《社交红利》这本新书。此后的一个小时内，迅速有5名用户下单支持了7本新书，共募集了210元钱。

这个结果让众筹网和黑天鹅图书非常惊讶。在周末凌晨，这样两个互联网流量最为低潮的时间段内，一本新书能以这样的速度获得认可，显然有些不可思议。

为书做推荐的18位知名CEO显然起到了非常巨大的作用。此后，书的预售募集在众筹网诸多项目中遥遥领先。

期间，众筹网还多次增加了回报的形式。此前，众筹网设定了十多次和作者一起喝下午茶畅谈交流的机会，没想到这些名额被迅速订完，许多参与者私信要求网站增加更多的名额。

为此众筹网甚至增加了最高为1万元的机会。同时，众筹网与磨铁都观察到一个现象：在《社交红利》开始募集之后。平均每位参与用户购买了6本新书，并且这个平均数还在缓慢上升，到最后达到了平均每人15本。

这也和众筹网的核心息息相关：一个好的项目，大家愿意分享出去，推荐更多的人来参与—— 尤其当项目获得信任的时候。

2013年8月9日，正当快要下班的时候，磨铁黑天鹅图书部门接到众筹网的通知，他们在众筹网上发起的一本名叫《社交红利》的书，已经完成了计划中募集工作，筹得预售金额10万元。此时，距离项目启动，正好用时两周。

对于《社交红利》这本书来说，黑天鹅图书借助众筹网这个平台，在出版过程中邀请读者参加，让读者获得了一种全新、独特、参与感强的阅读新体验。购书者亦可根据自己的意愿进行多样式体验，获得图书、作者签名、纪念品及参加作者读书会、签售会的机会。

继磨铁后，更多的书籍开始登陆众筹网尝试这种新的社会化营销。例如，乐嘉的新书《本色》通过众筹网，在一天时间内就获得了 330 位网友的支持，筹资超过 15000 元。

“众筹”这个词最早源自西方国家，意指以展示创意的行为获得大众的资金援助。在国外，说起创业启动资金紧缺，第一时间就是上众筹网；而在中国，不够钱，第一时间就是找老爸、找投资方、找银行。

相较之下，中国创业项目融资失败率高、起步时间长的必然性就可想而知了，这一现实，也反映出东西方创业观念的差异以及资本市场对创新、创业包容性的高下。

一旦普通大众逐渐认同了这种的投资手段，众筹将流行起来，这对整个创业圈以及资本市场带来的冲击必定是巨大的。

想象着某天，你想开个小公司，把创业计划书往网上一放，不用几天不仅你的资金凑齐了，顺便连你的合伙人、员工都招募到了。

李群林之前是做技术和产品的，2012 年想创业，可钱不够，想找投资却不认识天使投资人。环顾一周，现时中国创业这么热，像他这样没有渠道推广自己的想法，苦于找投资人的创业者比比皆是。

同时，除了那些能几十万上百万投资的天使投资人之外，中国还有大把有点存款、闲钱的人。而且，目前中国的天使投资人还太少，远不能满足创业者的需求。

李群林想到做一个众筹网站，把创业者的商业想法展示出来，把投资人汇聚起来，让他们更有效率地选择。

那时，中国最早的众筹网站“点名时间”已经推出一年多，最开始李群林也想上去碰碰运气，看看能不能先帮自己筹到项目资金。

但他发现，“点名时间”采用的是预购的方式，就像当时的法律规定那样，众筹网站给支持者的回报不能涉及现金、股票等金融产品，也就是对支持者来说，参与众筹是一项购买行为。

李群林觉得这对自己来说有些不实际，自己做互联网项目，推出的大多是虚拟产品和服务，而且鉴于中国互联网的免费特征，很难事先跟支持者约定回报的方式。不仅对自己不适用，李群林也觉得这种认购方式的吸引力有限。

买东西的动力不足，仅为了帮别人实现理想就拿出钱财支持这也不太适合国人的务实精神，至少难以扩散开来。李群林判断，把众筹作为一种购买行为会限制它的成长速度和规模，他觉得作为投资行为更符合大家参与众筹的需求。于是，他决定做一个股权融资模式的众筹网站。

第一个实验对象就是他自己的项目“大家投”。李群林把“大家投”的项目说明放在了网站上。那时，他的想法特别简单，创业者把自己的项目展示在网站上，设定目标金额和期限，投资人看了觉得不错就来沟通，然后投资成为项目股东，投的人多了逐渐把钱凑齐。众筹完成，平台收取服务费。

不久，有人给他建议，这么搞是不行的。投资需要专业能力，投资人需要带动，最好是设立领投人 + 跟投人的机制，可以通过专业的投资人，把更多没有专业能力但有资金和投资意愿的人拉动起来，这样才能汇聚更多的投资力量。

同时，在投资过程中和投资后管理中，有一个总的执行人代表投资人进入项目公司董事会行使项目决策与监督权力。李群林采纳了这条建议，为“大家投”增加了这一条规则，投资人可以自行申请成为领投人，平台审核批准之后就可以获得这一资格。

“要想众筹得快，最好是创业者熟人 + 生人的结合”，聊起现在网站上还没筹资成功的项目，李群林反复强调这句话。众筹是个汇聚陌生人的平台，创业者最好能先发动自己的熟人支持自己，然后由这些熟人的行为带动平台上的陌生人。

这是李群林的经验之谈，“大家投”到今年 3 月份共 3 个月时间成功筹得 100 万人民币，在项目团队只有自己一个人的情况下获得共计 12 个投资人的支持就是这样做到的。

大家投的 12 名投资人中，有投资经验的只有 5 个人。这有点像美国人所说的最早的种子资金应该来自于 3F，Family(家庭)，Friends(朋友) 和 Fool(傻瓜)。

在先被一些天使投资人拒绝之后，李群林把目光转向了微博与各类创投沙龙活动，在上面找认同他的人。

最后，他找到深圳创新谷的合伙人余波，余波觉得大家投的股权融资众筹模式是当时能填补初创企业融资渠道空白、构筑微天使投资平台的业务模式，所以决定做一做这种金融创新背后的推手。

于是，创新谷成为了“大家投”这个项目本身第一个投资者，也是唯一一个机构投资者。有了创新谷的信用背书，“大家投”又成功吸引了后面 11 个跟投人。

这 12 位投资人分别来自全国 8 个城市，6 人参加了股东大会，5 人远程办完了手续，这里面甚至有 4 个人在完全没有接触项目的情况下决定投资。

大家投网站模式是：当创业项目在平台上发布项目后，吸引到足够数量的小额投资人（天使投资人），并凑满融资额度后，投资人就按照各自出资比例成立有限合伙企业（领投人任普通合伙人，跟投人任有限合伙人），再以该有限合伙企业法人身份入股被投项目公司，持有项目公司出让的股份。而融资成功后，作为中间平台的“大家投”则从中抽取 2% 的融资顾问费。

如同支付宝解决电子商务消费者和商家之间的信任问题，大家投将推出一个中间产品叫“投付宝”。简单而言，就是投资款托管，对项目感兴趣的投资人把投资款先打到由兴业银行托管的第三方账户，在公司正式注册验资的时候再拨款进公司。投付宝的好处是可以分批拨款，比如投资 100 万，先拨付 25 万，根据企业的产品或运营进度决定是否持续拨款。

对于创业者来讲，有了投资款托管后，投资人在认投项目时就需要将投资款转入托管账户，认投方可有效，这样就有效避免了以前投资人轻易反悔的情况，会大大提升创业者融资效率。

由于投资人存放在托管账户中的资金是分批次转入被投企业，这样就大大降低了投资人的投资风险，投资人参与投资的积极性会大幅度提高，这样也会大幅度提高创业者的融资效率。

社交媒体的出现，使得普通人的个人感召力可以通过社交媒体传递到除朋友外的陌生人，使得获得更多资源资金创业公司一切皆有可能。

4. 从不完美到完美

传统企业做产品的路径是：不断完善产品，等到完美的时候再投向市场，再修改完善就要等到下一代产品了。而互联网思维则不然。互联网思维讲究的是快，尽快地将产品投向市场，然后通过用户的广泛参与，不断修改产品，实现快速迭代，日臻完美。

特斯拉是不断的迭代产品，不是一开始就是走这个模式，特斯拉生产第一款车时，没有自己的生产线，那款车的整体结构是从一个英国品牌买到的。

由于这个车整体是买一个已有车的结构，所以他没有办法做出一个革命性的电池安置，只好把大块电池塞在平顶空间中。第一款车非常难看，结构设计不合理，好像背部背了一个大炸弹。

而到现在已经完美解决了这个问题，他没有服务中心，一旦有问题就派出一个大车，里面装一些工具，把车开过来解决问题，他最开始都没有服务中心，而现在这些中心可以和最好的汽车中心相媲美。

所以迭代是颠覆式创新的灵魂，在特斯拉整个发展过程中，迭代起到非常大的作用。

于是，互联网产品在推出时，通常显示有测试版，也有封测、公测等概念。互联网会重视用户社区，重视粉丝建设，依靠用户的集体智慧，帮助完善产品，从群众中来，到群众中去。

在飞速发展的互联网行业里，产品是以用户为导向在随时演进的。因此，在推出一个产品之后要迅速收集用户需求进行产品的迭代，在演进的过程中注入用户需求的基因，完成快速的升级换代裂变成长，才能让你的用户体验保持在最高水平。不要闭门造车以图一步到位，否则你的研发速度永远也赶不上需求的变化。

2000年，百度完成了第一版的搜索引擎，功能已经相当强大，超过市面上的其他搜索服务。但是单从纯技术的角度来看，第一版搜索程序或许还存在一些提升的空间。

开发人员秉承软件工程师一贯的严谨作风，对把这版搜索引擎推向市场有些犹豫，总是想做得再完善一些，然后再推出产品。

当时，对是否立刻将这款并不完美的产品推向市场，百度的几位创始人也仁者见仁，智者见智，大家的意见很不统一。

最后，李彦宏来下结论了："你怎么知道如何把这个产品设计成最好的呢？只有让用户尽快去使用它。既然大家对这版产品有信心，在基本的产品功能上我们有竞争优势，就应该抓住时机尽快将产品推向市场，真正完善它的人将是用户。他们会告诉你喜欢哪里不喜欢哪里，知道了他们的想法，我们就迅速改，改了一百次之后，肯定就是一个非常好的产品了。"

李彦宏说："这个过程中不怕走弯路，但重要的是快速迭代，早一天面对用户就意味着离正确的结果更近一步。"

上线后，百度的新产品果然受到用户的普遍欢迎，当然，从后台观察上百万用户的使用习惯与应用方式，也让大家更清楚了用户需求，从而明确了改进的方向，技术部集中力量进行了一轮又一轮的攻关改进，一周之内，功能上已经进行了上百次更新，而这种优化从此便延续下来，直至今日。

如果秉承完美之后再推出的心态，百度可能永远也不会推出自己的搜索引擎，因为用户的需求日新月异，永远都没有最好，只有更好。

今天，百度产品的更新迭代更快了，大家不知道，其实每天都会有上百次更新升级上线，网页搜索的结果页每一天都有几十个等待测试上线的升级项目，失败了不要紧，改过再上。

百度的工程师已经习惯了一个叫“AB test”的开发模式，即如果我们不确定 A、B 两种结果哪一个更符合用户的需求，就让用户来为我们 test，得到结论后迅速调整。

正是这种越来越快的迭代演化使百度在中文搜索引擎的生态圈里永远保持在进化链的最高端。

在一次总监会上，李彦宏详尽地阐述了他的“快速迭代理论”，“这个产品究竟是该这么做还是那么做？用二分法来看，经过 100 次试错之后，你就能从 101 个选择中，找出那个唯一的正确答案”。

在他看来，用户是最好的指南针，任何产品推出时肯定不会是完美的，因为完美本身就是动态的，所以要迅速让产品去感应用户需求，从而一刻不停地升级进化，推陈出新。这，才是保持领先的捷径。

5. 现在要小步快跑

“天下武功，唯快不破。互联网创业，速度一定要跟上去。”

“要死也要死得快，早死早超生！”

这是雷军做投资那几年常说的话。

在雷军看来，“快”就是互联网创业的利器。一旦速度跟不上，就会面临一系列解决不完的问题。

当时，朱建武的公司刚成立不久，是一个只有五六个人组成的小团队。身兼数职的几人无力应对资金周转的困局。2005 年，国内一家非常著名的投资机构原本计划投资乐讯，但是因为当时的市场环境和各种其他因素，最终没有投资成功。

于是，朱建武便通过朋友找到了雷军，两人约定在珠海的一家酒店见面。当时，雷军因为有事，时间安排得很紧。听朱建武讲了一下乐讯的情况之后，雷军就说：“移动互联网是未来的发展趋势，你们做得不错，我可以考虑投资，但是不会一次性投很多钱。”

接着，他又跟朱建武解释说：“我先投你 200 万元人民币，如果这个方向做不下去了，我是说如果，我继续投资你 200 万元。原因很简单，因为我不可能一直看着你半死不活，创业失败是很正常的事情。第一次试，方向不合适，没有关系，早死早超生，我们接着来。我一次性给你 2000 万元人民币，想死也死不掉，但是 200 万元要死要活 6 个月就能见分晓，分晓见了从头再来。天下武功，唯快不破，要死也要死得快！”

雷军发现，互联网行业和其他行业不一样，所有的人都是 24 小时的，要在最快的时间里解决好问题。于是，在 MIUI 的开发过程中，小米团队一直紧盯着论坛看有没有新的建议或者问题反馈。这个过程一般要花掉两天的时间，接待一百多位用户，接着，再花两天时间开发，两天时间测试，争取在周末将新的成果发布出来。这样一来，MIUI 一直都能坚持每周迭代。

随着小米手机的渐渐走红，一系列配套产品也相继推出。最有意思的要数“米兔”——一款戴着雷锋帽、系着红领巾的很可爱的玩具。这款产品在小米网站属于最畅销的产品之一，每天限购 2000 个，不穿衣服的卖 49 元，穿衣服的卖 99 元。

这个产品其实也是雷军“快”字理念的一个体现。雷军开玩笑地说：“它叫雷锋兔。你们知道为什么这么叫吗？那是因为它是雷军做的手机品牌。那为什么叫兔子呢？因为天下武功，唯快不破，我们强调快，兔子是跑得最快的。”

互联网产品的爆发一般是在 3 ~ 7 天，决胜期是 1 个月之内，如果想成功还必须要持续创新。所以，在开发的过程中小步快跑，快速迭代是制胜的关键。

在飞速发展的互联网行业里，产品是以用户为导向在随时演进的。因此，在推出一个产品之后要迅速收集用户需求并且及时进行产品的迭代——在演进的过程中注入用户需求的基因，完成快速的升级换代裂变成长，才能让你的用户体验保持在最高水平。不要闭门造车以图一步到位，否则你的研发速度永远也赶不上需求的变化。

互联网是一个快速发展的行业，每天都有新的事物产生，用户需求变化得非常快，竞争也很激烈，一旦速度跟不上，就会被淘汰。“快速迭代”是对产品的基本要求，能否做得足够快已成为衡量一款产品研发是否成熟的标准之一。

第四章　规划思维

规划思维是为了求得生存和稳定发展，对企业市场营销工作做出的全局性、长期性和方向性的谋划，从而实现企业目标、资源能力和经营环境三者之间的动态平衡。

1. 日立公司的营销计划

日立公司主要从事录像机的生产与销售，该公司的经营十分出色。

由于日立商标名称的知名度很低，日立盒式录像机没有任何显著的产品特征区别，同时日立也难以开发出不易被竞争对手迅速模仿的产品特征。

日立本身拥有的分销商无论在数量上还是在质量上又都不能与它的大多数竞争对手相比，而且大约只有3%的分销商认为日立是一个重要品牌，因此，日立公司的营销形势日趋严峻。但是，这并不表示日立完全没有机会。

（1）在二流消费品制造企业中，没有一家有一个防御市场定位，因此，日立可以把三洋、弗西尔、夏普从它们占领的销售网点中挤出去，取而代之。

（2）顾客调查表明，大多数消费者都对盒式录像机的《使用说明书》不满意。

（3）由于电子消费品零售商店也面临着可怕的激烈竞争，因此它们也乐于接受能给它们带来竞争优势的计划，所以，只要是有利于竞争的计划，它们都会做出积极的反应。

日立公司若想在市场上立足，就必须开展一系列的营销计划。

日立1989年的主要营销目标为：销售额2.1亿美元；毛利5700万美元；毛利率28%；净利润600万美元；市场占有率6.3%。

日立有两个需要解决的问题：其一是它必须建立一个既有顾客又有零售商的防御市场定位；其二是它必须提高产品价格以恢复到原有的利润率水平。

1989 年的市场营销企划案以建立一个更强的防御市场定位为中心。对顾客来讲，主要是通过大大改善产品说明书来满足他们的需要；对零售商来讲，主要是开展独一无二的促销运动，来重点满足他们的需要。1990 年日立的市场定位应该有所改观，使之作为提高价格的基础。

1．主要行动

日立公司的主要行动和策略如下：

（1）提高产品在消费者心目中的知名度并增加对日立公司产品的支持。

（2）争取零售商对日立盒式录像机产品的支持。

2．具体方案

日立是一家综合性的电子产品生产厂家，它制造适合需要的多种产品进入电子类市场。

（1）《使用说明书》。日立已经委托公司外部的专家与本公司工程部专家一同编制一份新的《使用说明书》。为了使顾客容易理解说明书，日立对盒式录像机进行更新以使其首先做到容易操作。

这些更新正在进行当中，配备易于理解的《使用说明书》的新型盒式录像机于 1988 年 12 月准备就绪。日立必须在对新的易于操作的说明书开展一系列活动之前的 30 天，将新型盒式录像机运到目标市场，以便留出时间让各零售商店妥善处理完店内现存的老式日立盒式录像机。

（2）零售商折扣。在1989年日立仍继续执行对零售商的折扣。

（3）推销人员的培训。对推销人员的培训从1988年12月1日开始，直到新的推销活动开始时为止。

（4）开设24小时免费热线电话。从1989年2月1日起，公司开设24小时免费服务电话，与顾客讨论日立盒式录像机的问题。

（5）零售商店策略。对零售商店的活动安排包括如下将要执行的策略：

①在新型盒式录像机说明书即将运到零售商手中，即1988年12月10日之前，日立公司提前通知零售商。

②到1989年1月15日，公司的推销员把新的推销活动安排送到每一位销售日立产品的零售商手中。

③凡购买10台日立盒式录像机的零售商，将免费获得一份关于介绍产品的店内样品招贴。

④每位销售人员携带一盒录像带，这盒录像带录有顾客对新型盒式录像机和新的操作说明书表现出极大兴趣及反映强烈的内容。推销员把这一录像内容播放给零售商看。

⑤日立公司还编制和印刷了一本袖珍销售说明书，以便零售商店的销售人员发给前来光顾的潜在顾客。

⑥店内陈设。店内陈设将委托一家广告代理商设计制作。陈设台将有1.2米高，有20台盒式录像机，最大限度地利用层次空间，以充分吸引顾客的注意力，使顾客从各个角度都能看到。

（6）宣传展示活动。这一活动将循环在每一个零售商店组织进行。这些突袭宣传活动包括反复播放消费者使用日立盒式录像机的录像和他们对新型日立盒式录像机表现出的极大兴趣，以及对新型易于理解的使用说明书的强烈反响。

录像中还展示日立公司对日立盒式录像机产品所做的全部更新并加以说明，以达到顾客易于理解和便于操作日立盒式录像机的目的。

（7）合作广告。如果零售商在合作广告基金上投资的话，它们将获得购买额2%的收益。不过这些是有条件的，只有它们将广告宣传的内容集中在介绍日立公司新型《使用说明书》方面时，零售商才可以获得这2%的收益。合作广告基金将支付一半的广告费用。

（8）公共关系。公司发布易于掌握的《使用说明书》的新闻，并将新闻送到销售日立盒式录像机的零售商所在地，在有关报刊上发表。

（9）刺激销售商计划。对那些购买日立盒式录像机价值在5万美元以上并付了款的零售商，日立公司将向它们提供一年两次、每次持续一周的激励活动。

案例分析

凭借日立公司的有效计划，日立公司成为早期进入中国市场的少数外资企业之一。目前，日立仅在中国就拥有30家合资、独资企业及五十多家集团企业。

最初，日立公司经营出色、发展迅速，但由于市场发展迅速，日立公司的各个竞争对手纷纷崛起，日立公司必须为保护自己的市场份额采取一定的计划。

这个案例是日立公司的一个营销计划书，日立公司首先分析了公司目前的营销状况，即只有3%的分销商认为日立是一个重要品牌，同时，日立的产品无法与其竞争者相比。

然后，日立公司在经过一系列的调查后，发现自己并不是完全没有机会。如进行市场定位，修改《使用说明书》使之符合消费者的心理等，根据这些问题和机会，日立公司制定了一系列的营销策略，并最终获得了成功。

日立公司的案例说明，一个好的营销计划对整个企业的发展方向具有指向作用，所以，任何企业都应根据自身面临的机会和威胁，制订一个合理的计划。

2. 可口可乐的靶子市场

风行全球一百一十多年的可口可乐公司是全世界最大的饮料公司，也是软饮料销售市场的领袖和先锋。其产品包括世界最畅销五大名牌中的4个（可口可乐、健怡可口可乐、芬达和雪碧）。

产品通过全球最大的分销系统，畅销世界两百多个国家及地区，每日饮用量达10亿杯，占全世界软饮料市场的48%。

多年来，可口可乐公司一直稳坐世界软饮料市场的头把交椅。当然起决定因素的是可口可乐产品本身独特的配方，但是可口可乐公司良好的市场营销策略也功不可没。

20世纪70年代，可口可乐公司着手开发一个新产品——“休息伴”。“休息伴”的原则应是使用方便、占地不大、可放于任何地方的机售喷射系统装置。

为完成这项计划，可口可乐公司特邀德国博世西门子公司加盟制造这种机售喷射系统装置，同时为“休息伴”申请了专利。

研制出的“休息伴”同微波炉大小相似，装满时重量为29千克。顾客可以把自我冷却的“休息伴”连接在水源上或是贮水箱上。

机器上装有3个糖浆罐与“休息伴”匹配，同时还配有一个可调制250份饮料的罐体，只要一按按钮，水流就从冷却区流入混合管，同时二氧化碳注入后就形成了碳酸饮料。

由于每一次触键选定的糖浆量需要配以合适数量的苏打，西门子公司在机器上安装了一个指示灯，在二氧化碳瓶用空时亮灯显示。机器上还装有投币器，在买可乐时，可以投入5分、1角或2角的硬币。由于机器输出的饮料只有0℃，因此也无需另加冰块。

1992年7月，可口可乐公司宣布：该公司在全国范围内的小型办公场所已安装了35000个“休息伴”。这种“休息伴”的安装标志着可口可乐公司实现了多年的梦想：办公室工作人员足不出户就可以享用可口可乐饮料。

梦想的实现是由于可口可乐公司成功地开发了这种新型可乐分售机，该机的开发经历了二十多年的研制过程，并在三十多个国家推广试用，耗资巨大，被产业观察家称为软饮料史上史无前例的一项开发。

可口可乐“休息伴”的出现，标志着市场细分的新趋势和大规模的未开垦的办公市场争夺战的开始。由于咖啡饮用量的减少和人们逐渐喜欢上碳酸软饮料，办公市场对饮料公司来说变得越来越重要了。

就像一位产业分析家说的那样：“小商标是导致软饮料衰落的

部分原因。主要的分销渠道已经饱和，要想增加很少几个销售百分点就得耗用大量资金，而工作场地将是可乐销售的未开垦的巨大市场。”

这种新型的“休息伴”除了对可口可乐公司产生80亿销售额的潜在影响外，它显然还会给整个产业界带来某些变化。

1986年，美国每位市民软饮料的年消费量约为170升，已经超过了他们的饮水量。然而，在过去的10年里，主要的软饮料市场可供进一步开发的细分市场已所剩无几，新型的替代产品发展迅速，市场上充满了新的商标和商标系列。

由于软饮料的价格不是整位数，零售商常常以各种理由用自己货架上的其他商品代替找零。结果，软饮料商们发现他们主要产品的市场份额在日益缩减，而其销售成本却在急剧上升。

可口可乐公司继续发展着“休息伴”的细分市场。公司一般将糖浆和二氧化碳气瓶用UPS（联合邮寄服务）运到顾客身边。

然而，公司仍希望发展一种能直接与顾客接触的分送系统。欧洲的瓶递服务为“休息伴”提供了服务。然而，在美国许多瓶递员未能满足公司的要求。因此，咖啡分送员、瓶装水公司和一些小型独立的瓶递组织就提供了最初的服务。

美国的这些服务公司先从可口可乐公司购买机器，将其安装到顾客的工作地点，然后以咖啡和自动售货机类似的方法补充糖浆罐。

分销商可选择售价800～1000美元的机器。可口可乐公司向咖啡分销商推销“休息伴”，使这些分销商提供一种全天的“完全提神系统”，同时软饮料的销售额也弥补了减少的咖啡销量。

“休息伴”3年的市场试销，使可口可乐公司在分销渠道的设计、市场的细分等方面积累了大量的经验。在试销过程中，可口可乐公司为寻找“休息伴”的最终目标市场，不断改进其细分策略。

最初的一项调查表明，将“休息伴”置于20人或20人以上的办公场地可以获得相当的利润，因此公司欲以20～45人的办公室作为目标市场。

然而，这就意味着可口可乐公司将丧失掉一百多万个不足20人的办公室这一巨大市场，显然这一目标市场不合情理。

可口可乐公司通过进一步调研、分析，发现小型办公室的数量大有增长之势，并证明对于那些经常有人员流动的办公室，“休息伴”只需5人使用就可赢利。加上分销商还可将机器安装在大型办公室里，使得雇员们随时可以得到可口可乐的饮料。

市场细分实际上是从经营的角度来分析消费者在需求和购买行为等方面的差别，然后把需求和购买行为大体相同的消费者归为一类，每类就是一个细分市场或“子市场”。

这样，就把整个市场分为若干个“分市场”或“子市场”。企业面对错综复杂的市场和需求各异的消费者，不可能满足所有顾客的整体要求，并为其提供有效的服务。

所以每一个企业都要在分析市场的基础上进行细分，并选择一部分顾客作为其服务对象。可口可乐的成功在于进行了正确的市场细分，它的细分是具有可量性、可接近性和可实施性的。可口可乐通过一系列营销活动并不断改进，通过市场细分取得了巨大的成就。

3. 新可乐失败的教训

1985 年 4 月 23 日，可口可乐公司董事长罗伯特宣布了一项惊人的决定。他宣布经过 99 年的发展，可口可乐公司决定放弃它一成不变的传统配方。

原因是现在的消费者更偏好口味更甜的软饮料，为了迎合这一需要，可口可乐公司决定更改配方调整口味，推出新一代可口可乐。

可口可乐公司作出改换口味的决定，其原因是竞争对手百事可乐来势汹汹，它先是推出了“百事新一代”的系列广告，将促销的锋芒直指饮料市场最大的消费群体——年轻人。

在第一轮广告攻势大获成功之后，百事可乐继续强调百事可乐“青春形象”，又展开了号称“百事挑战”的第二轮广告攻势。

在这轮攻势中，百事可乐公司大胆地对顾客口感试验进行了现场直播即在不告知参与者在拍广告的情况下，请他们品尝各种没有品牌标志的饮料，百事可乐公司的这次冒险成功了，几乎每一次试验后，品尝者都认为百事可乐更好喝，“百事挑战”系列广告使百事可乐在美国的软饮料市场份额从 6%猛升至 14%。

可口可乐新的领导者罗伯特认为，尽管可口可乐公司广告开销巨大、分销手段先进、网点覆盖面广，但市场占有率却还是一直在下滑，其重要的原因是可口可乐那曾经的神圣不可侵犯的、已经使用了 99 年的配方，似乎已经不符合今天消费者的口感要求了。

可口可乐公司技术部门决定开发出一种全新口感、更惬意的可口可乐，并且最终拿出了样品，这种“新可乐”比可口可乐更甜、气泡更少，因为它采用了比蔗糖含糖量更多的谷物糖浆，它的口感柔和且略带胶黏感。

可口可乐公司在研制新可乐之前，曾秘密进了代号“堪萨斯工程”的市场调查行动，问题包括：可口可乐配方中将增加一种新成分使它更柔和，你愿意吗？

可口可乐将与百事可乐口味相仿你会感到不安吗？你想试试一种新饮料吗？调查结果表明只有 10%～12%的顾客对新口味的可口可乐表示不安，而且其中一半表示会适应新的可口可乐，这表明顾客们愿意尝试新口味的可口可乐。

在新可乐的样品出来后，可口可乐公司也组织了品尝测试，测试的结果令可口可乐公司兴奋不已，顾客对新可乐的满意度超过了百事可乐，市场调查人员认为这种新配方的可乐至少可以将可口可乐的市场占有率推高 1%～2%，这就意味着多增加 2～4 亿美元的销售额。

为了确保万无一失，可口可乐公司倾资 400 万美元进行了再一次规模更大的口味测试，这次口感测试中新可乐再次击败了对手百事可乐。

在“新可乐”全面上市的初期，市场的反应相当好，1.5 亿人在“新可乐”面世的当天品尝了它，但很快情况有了变化。

在“新可乐”上市后的一个月，可口可乐公司每天接到超过 5000 个抗议电话，而且更有雪片般飞来的抗议信件，可口可乐公司不得不开辟了 83 条热线，雇了更多的公关人员来处理这些抱怨和批评。

有的顾客称可口可乐是美国的象征，有的顾客威胁说将改喝茶水，永不再买可口可乐公司的产品，更有忠于传统可口可乐的人组成了“美国老可乐饮者”的组织在发动全面抵制“新可乐”的运动。

而且许多人开始寻找已停产的传统可口可乐，这些“老可乐”的价格一涨再涨。新可乐面市后两个月，其销量远远低于公司的预期值，不少经销商强烈要求改回销售传统可口可乐。

公司的市场调查部门进行了紧急的市场调查，一月前还有53%的消费者声称喜欢“新可乐”，可现在一半以上的人说他们不喜欢“新可乐”，再过一个月，认可“新可乐”的人只剩下不到30%。

“新可乐”面市后的3个月，其销售仍不见起色，而公众的抗议却愈演愈烈。最终可口可乐公司决定恢复传统配方的生产，其商标定名为“可口可乐古典”，同时继续保留和生产“新可乐”。但是可口可乐公司已经在这次的行动中遭受了巨额的损失。

在可口可乐公司“新可乐”的事件中，整个的决策过程似乎没有不当之处，而且整个过程中可口可乐公司也显得相当的谨慎，在新产品的研制前和投产前都进行了广泛的市场调查，并且是在市场调查结果表示明确支持上进行的，但最终还是失败了。

失败在于决策过于迷信市场调查的结果而忽视了其他因素的存在，尤其忽视了传统可口可乐品牌的形象和消费者对传统可口可乐的忠诚度。

做出这样的决策也是过于相信调查结果导致。因此，企业在制订营销计划前，应考虑市场的各方面因素，尽可能收集更为全面的信息。

4. 特步的差异化定位

2001年，特步公司在充分地分析论证后，开始将企业资源由海外市场转向国内市场。事实上，此时的国内市场竞争已非常激烈，高端品牌有阿迪达斯、耐克、锐步等国际品牌，中间有李宁、安踏、双星等大众品牌。

同时，在三四线品牌阵营中，又有很多数不清的地域品牌。为了生存与进一步发展，特步选择了差异化生存之道。

特步通过科学的市场定位，通过产品差异化、形象差异化、推广差异化这三大策略，一步步迈向成功之路。

特步改变了运动产品的专有属性和冷冰冰的品牌形象，并根据运动鞋的穿着特点，在行业中独家引进国外技术，让每一双鞋有一股淡淡的香水味，起到除臭的作用。

在保证产品品质的前提下，特步还在产品用色、设计上大胆突破，每年每季均推出自己的主题概念商品如：风火、冷血豪情、刀锋、圣火、先锋、04好玩，款款个性、时尚，其中的第一代风火鞋创下了120万双的中国单鞋销售奇迹，现在已经发展到第五代。

时尚元素融入产品设计当中，在给顾客带去优良产品品质的同时，又满足了消费者对时尚、个性的精神渴求。

特步还是国内第一个采用娱乐营销的体育用品品牌，这非常符合特步作为一个时尚运动品牌的特征。如特步以每年人民币450万元的代价与英皇旗下艺人谢霆锋签约，谢霆锋成为特步品牌代言人和形象大使。

谢霆锋在年轻人一代中有非凡的号召力，是“X一代”的核心领导人物，其叛逆、个性、时尚集中体现了特步的品牌特征，此后全国各地谢霆锋的忠实歌迷疯狂抢购特步运动鞋，海报、CD、签名画册曾在全国几度断货。

在代言人深度配合方面，特步也成立了专案组与英皇紧密配合，实施跟踪推广。谢霆锋到大陆的每一次媒体见面会，都有特步签售会的身影。

几年来，在全国二十多个主要城市进行声势浩大的推广活动，使特步品牌形象深受特步目标消费群的认可。

特步从品牌诞生之日起就占据了传播通路制高点，集中在中央电视台进行品牌推广，抢占强势媒介的话语权，并在招商方面获得巨大成功。

随后特步为产品建设全国销售网络服务，吸引了大批分销商加入特步连锁系统，特步专卖店在全国范围内也迅速地由省份中心城市辐射到二三级城市以及星罗棋布的中国乡镇。

央视五套在特步的选择下，后面紧紧跟随了大批运动鞋品牌，高峰时期，曾有三十多个品牌在央视五套投放电视广告。

在市场网络开发成功后，特步减少了中央电视台广告投放力度，开始有针对性做区域性的媒体投放，包括与湖南卫视的《快乐大本营》《娱乐无极限》《金鹰之星》，东方卫视的《娱乐星天地》，光线传媒等娱乐时尚媒介合作推广。

在网站建设方面，特步网站再一次显示了特立独行的品牌主张。特步网站完全基于品牌极致体验、产品完全体验、X文化社区三大功能架构。整个网站与传统的图片、文字堆砌网站不同，用纯Flash制作，让消费者感受耳目一新的体验。

特步每年用于网络媒介投资预算达到300万元，并时时更新网站内容，引进新游戏，在门户网站上大力推广，其网站浏览量在运动用品品牌中位居前列，正成为“X新一代”的精神家园。

2001年，特步开始进入中国本土市场，短短3年用极快的速度取得了令人惊讶的成绩，2003年销售收入6亿元，2004年的销售收入到达8亿元，如今，特步早已在本土市场上占据一席之地。

通过持续创新，特步已将众多竞争对手远远抛在身后，并正由单一时尚运动品牌，升华为蕴含时尚气息的运动品牌，品牌价值也得到理性的回归和升华。

市场定位的一个很重要的原则就是差异化定位，即企业要根据自身的优势定位。特步的产品和其他运动品牌的差异性在于它已经不再是冷冰冰的运动产品了，它更加人性化、娱乐化。

在功能方面，特步运动鞋起到除臭的作用。同时特步借助谢霆锋等在年轻人中间有号召力的影视明星做代言人，树立了自己年轻有活力的产品形象。

总之，特步富有创新精神的差异化营销及成功的经营实践，对于中国成长型企业的营销实践，有着诸多的借鉴意义。

5. 沃尔玛：从低价到时尚

据说世界零售业老大沃尔玛花了19年的时间，才让全球消费者记住了它“天天低价”的形象。但2005年John Fleming出任沃尔玛CEO以后，却开始着手针对大众高端消费品的“高价”策略，并且在2006年度加速沃尔玛的这一巨大转变——脱离“低价”。

事实上，John Fleming执行由低价到高价策略的转变是形势使然。沃尔玛的经营理念一直遵循低价原则，而这种优势正在逐渐丧失，2005年大部分时间，美国沃尔玛旗下店龄超过一年的超市，其销售额增幅都不足4%。

利润空间的下降、竞争对手的促销导致沃尔玛低价优势很容易被取代。加之，低价导致的压缩成本难以避免地降低了供应商利润，对员工要求苛刻，这些负面新闻曾一度让沃尔玛成了一个乱糟糟的代称，甚至让顾客因为在这里购物而充满罪恶感。

另外，由于美国大众收入的下降，他们更需要消费一些低价格的“时尚品”，这些因素为沃尔玛提供了一个转变的机遇和动力。而John Fleming正好担当起了这个变革的使命。

事实证明，John Fleming成功了。2006年《世界品牌500强》中，沃尔玛的排名从2005年的第九名上升到第二。

对于沃尔玛来讲，以前的天天低价策略针对的是平民阶层，利用低价吸引这些顾客。John Fleming未到沃尔玛之前，曾经在沃尔玛竞争对手Target零售点工作长达19年之久。

不同于沃尔玛，Target专注于做高端消费品，相对于沃尔玛的平民策略，Target更注重高端细分市场上的盈利，它的顾客定位明确而且具备更高的消费能力。

形势的转变给了John Fleming带领沃尔玛尝试Target销售理念的机会，因为平民化的销售不能给沃尔玛带来较大的利润增长空间。

John Fleming 的这一转变并非置其主要目标客户群——平民消费人群于不顾，而是引导平民消费中的时尚选择。和代表时尚的《Vogue》的两年签约以及在少女杂志《Elle Girl》上登广告，并且和一些受欢迎的流行歌手签约，正是选择了平民中最有可能高消费的人群——年轻和时尚一族。

利润由低到高的转变，无法依赖斤斤计较的家庭主妇，只有年轻和时尚一族才可能花更多的钱，去购买附加值比较高的商品。仍然是针对平民这个消费群体，而不是突兀地转向贵族消费者。

发掘已有消费人群的新需求，既不会彻底丧失原有的消费人群，还能为沃尔玛以后向更高端消费群转变平稳过渡。

在现有的消费者基础上，如何贯彻时尚的概念，如何贯彻流行的概念？即使是在平民中，也有追求时尚、个人品味的需求，而个性的力量为 John Fleming 极其看重。

大众消费品很难获得高附加价值，而对于零售商来讲，提高商品价格的一个好方式，就是提高消费者的满意度，从而增加商品的附加值。John Fleming 选用了增加商品个性，具备个性的商品相比千篇一律的大众商品，更容易让消费者自愿掏出更多的银子。

在沃尔玛的广告中，开始倡导“自由自在”“随心搭配”，鼓励学生以自己的口味装点宿舍，用个性来诠释时尚。例如其中的 Toyland，也开始更加注重玩具的个性，以此来吸引需求不同的儿童，满足更多的消费需求。

无论是时尚，还是个性，都让消费者在得到商品的同时，更提高了满意度，这些都为沃尔玛提价提供了可能性。时尚、个性的商品，加上沃尔玛原有的便利、花费时间少的优势，John Fleming 让沃尔玛转变得如此顺畅而自然。

6. 饥饿营销让用户又爱又恨

小米公司近日在其官网开放 2999 元小米智能电视抢购活动，3000 台小米电视于 2 分钟内便宣告售罄。

然而，随后有网友称该次“小米电视抢购”存在虚假行为，或是一场骗局。网友“TNITF”发现抢购页面上的“抢购”按钮形同虚设，因为按钮并没有经过 post 请求，而直接生成了“售罄了”页面。“所谓的按钮只不过是把抢购热情高涨的提示框显示出来罢了。”

微博一经发布，立刻在网上引起轩然大波。有网友指责该次抢购为骗局，有网友认为这类抢购是广告不必较真，还有部分网友则对厂家的“饥饿营销”做法表示反感。

饥饿营销是小米公司市场营销成功的法宝之一，但在小米已经变成一家估值 100 亿美金的大公司后，是否还要坚持这一招数？

不少人以为，小米应该开始学着做一家真正的硬件公司，踏踏实实地生产，踏踏实实地铺货，如果说以前小米的饥饿营销手段是限于产能和资金的话，现在，小米应该已经有实力与之告别。

雷军被米粉们称为雷布斯，他崇拜的苹果公司可以说是“饥饿营销”的鼻祖。但在本土市场，苹果一般很快就会把新品铺遍全美，但小米做不到，它的手机仿佛永远缺货。

饥饿营销虽然使企业受益，但却使消费者徒增苦恼和无奈。比如有网友就抱怨道 ：“厂商到底有没有诚意要卖产品？每次都让买家们挤得头破血流的很有意思吗？就算是粉丝也有放弃的一天吧！”

但就目前来看，小米似乎并没有放弃饥饿营销手法的意思。回顾小米公司的成功，有两点因素不能忽略：一是它的低价；二是社交媒体时代它对口碑传播的成功运用。

但事实上，这两点往往是不能同时存在的。一个消费者如果花低价买了一款手机，它很难有动力向周围的朋友进行口碑传播，而“饥饿营销”则持续地制造着这种动力，使得能买到小米手机本身，就很值得炫耀。

从这个角度说，“缺货”就是小米的格调，离开缺货，小米就很容易沦为只是低价的大众产品。

能够持续地把饥饿营销运营到极致，这是小米值得称赞与钦佩之处，但这同时也是在走钢丝。小米一直没有遇到值得一提的对手，试想，如果在小米费尽心机制造饥饿之后，忽然有一家厂商开始把类似性价比的商品大面积向市场铺货，会有什么后果？周鸿祎很早就看透了这一点，所以能主要仅凭口头虚拟就掀起一场狙击战。

小米是成功的，但是，即便是在社交媒体时代，一间伟大的硬件公司，最终主要还是建立在技术、设计与生产之上。

营销确实很重要，但至少从历史上看，还没有任何一家硬件厂商靠营销发展成巨无霸，当然，在快消领域这类营销驱动的巨头比比皆是，但问题是，小米能把手机做成快消产品吗？

第五章　服务思维

服务是一个老话题，但它时时都具有新含义。互联网赋予服务的新含义是：全天候的每时每刻、无缝隙的网上网下、无分工的全员行动。

1. 能让人感受到，就是体验

乔布斯曾说 :“在我们定下的设计标准中，最重要的一点就是，我们要为顾客创造一种不一样的体验，让他们感觉更像是一个大图书馆，带有自然的光线，就像是赠予社会的财富。在完美世界，这是我们想要的苹果零售店。我们不希望一家商店就只有商品而已，而应该具有一系列体验，一系列超乎商店的体验。”

乔布斯曾经反复向苹果员工强调以下几点 :

1. 一定不要浪费用户的时间。例如，巨慢无比的启动程序让用户一次次地在超过 50 个内容的下拉框里选择，要学会珍惜用户的时间，减少用户鼠标移动的距离和点击的次数，减少用户眼球转动满屏寻找的次数。

2. 不要想当然，不要打扰和强迫用户，更不要为 1% 的需求骚扰 99% 的用户。

3. 不要以为给用户提供越多的东西就越好，相反，重点多了就等于没有重点，有时候需要做减法。

4. 主动尝试去接触你的用户，和他们沟通，了解他们的特征和行为习惯。

许多客户第一次走进苹果的店面时，最大的感受就是苹果店的环境设计和其他 IT 电子产品的店面完全相异。在看上去朴实无华的桌架上，各种产品的展示、使用都恰到好处。客户购买完毕走出店面时提的购物袋，也可以制造出一种独一无二的购物体验。

前苹果零售高级副总裁罗恩·约翰逊在 2006 年说过：“我想象中的零售店是一个属于大家的商店，是所有年龄段的顾客都喜欢的地方，在这里，顾客能感受到他们真正属于这个地方。”

2013 年底，一家成立不到两年的公司玩了次大手笔，创始人给五位高管的年终奖是：每人一辆车。这家一出手就“土豪范儿”的公司，产品却很小清新，它就是在互联网上卖坚果的新贵——三只松鼠。

2013 年三只松鼠销售超过三个亿，其中仅“双十一”一天就卖得 3562 万，位居天猫坚果类销售第一。

三只松鼠的产品体验从你买东西的那一刻就开始了。“三只松鼠”给自己设定了一个松鼠漫画品牌形象。每个客服人员都有一个松鼠的形象和名字。

在客服沟通上，三只松鼠也大胆创新，一改过去淘宝“亲”的叫法，改称为“主人”。“主人”这一叫法，会立即使关系演变成主人和宠物的关系，客服妹妹扮演为“主人”服务的松鼠，这种购物体验就像在玩角色扮演。

每一个包装坚果的箱子上都会贴着一段给快递员的话，而且是手写体——“快递叔叔我要到我主人那儿了，你一定要轻拿轻放哦，如果你需要的话也可以直接购买”。

打开包裹后你会发现，每一包坚果都送了一个果壳袋，方便把果壳放在里面；打开坚果的包装袋后，每一个袋子里还有一个封口夹，可以把吃了一半但吃不完的坚果袋子封住。令你想象不到的还有，袋子里备好的擦手湿巾，方便吃之前不用洗手。

当这些包装做到最好时，大家会觉得它在用心做产品，而且能让人感受到，这就是一种体验。这也是为什么虽然它只在网上卖，一年销量就翻了一倍多。

三只松鼠通过对用户分析，发现上海地区的消费者买腰果时，更喜欢奶香味，而北京地区的消费者更喜欢椒盐味。通过海量的数据分析，三只松鼠不仅可以指导供应商进行定量生产，而且还可以在口味研发上，做得更快速、准确，从而让用户获得更好的体验。

三只松鼠将购物体验做到极致，会卖萌的松鼠代言人、封口夹、试吃装、装果壳的垃圾袋，甚至是小小的湿纸巾它都帮你想到了，还有什么比这更贴心呢？创始人章燎原强调："互联网的好处在于顾客说了算，品牌在于服务过程等细节是否达到了用户的满意度和希望值。"他们关注消费者每天都有什么变化，每天会对一万个评价进行分析，从而了解顾客的喜好。

谁的体验好，用户就用谁。谁在这个体验当中让用户感受到了，用户就选谁。

金山网络总裁傅盛说：很多时候，我们的思维逻辑停留在"干了什么"，而不是"用户感受到了什么"。譬如，一做广告宣传，就爱说集中了多少一流的工程师，历时多少年研发而成等等，就像雄鸡一唱天下白。而别人可能就两三个人做一款小游戏，结果干翻了所有的大企业。如最近在国外特别火的一个游戏，就是瑞典的十人小团队做的，已有超过 5 亿的用户，其实就是个消除类游戏。

本质上它的消除没什么特别，就是三种相同颜色双击一下，但它把朋友间的炫耀和比较、好友的分享与帮助做进去了，抓住了用户的社交关系。而且，游戏里每一个音效、动画都做得很精致，正是这种体验让用户有了极佳的感受，所以很快就流行了。

所以，要做让用户有感知的事情。用户很多时候拿到产品一看，这个不懂、那个不会用，甚至很多时候他们连产品的功能都不知道就删除了。比如我们做毒霸免费 WIFI，用笔记本连上网线，其他电子设备就可免费上网。看上去很小的一个点，但对用户来说挺需要的。后来毒霸团队告诉我，这是今年上半年他们做的最有用户感知的一个产品点。

又比如猎豹浏览器首页的变化，在首页左上角增加了一个天气预报功能。当时，我让产品团队加这个功能时，他们总说加不了，还有很多其他重要的事情要干。这是一个工作量极小的活儿，但却被排到他们工作的最末端。为什么呢？因为他们认为自己现在所做的才是重头戏。

可是，用户不会管你用的是三维、及时渲染或多好的算法，如果这个功能他们不点就是零，即使这个功能可能对用户有帮助。

后来，我告诉他们上半年腾讯推过一条新闻，“全中国十个城市都在雾霾之下”，而且是微信头条，那么能上微信头条的新闻一定是全国人民关注的热点。因为天气预报、PM2.5 关系到大家的健康。后来终于加上去了，加完以后鼠标点击率提高了 50%，就是这么一个 PM2.5。

后来我又说这 PM2.5 做得不够好，如果达到 100 以上，为什么不标红，而且能不能提醒我说：“亲，今天天气不好，不要外出活动啊。”这样是不是很温馨？没想到，就这么一个简单的天气预报，用户就截图放到了微博。

大家想，平常我们做了多少功能，用户会主动截图？就这么一个小点就能让用户觉得产品很贴心，说明它真正打中了用户的体验点。如果这个东西我们不重视，那我们就真的是活在自我的世界里。

所以，你的世界是什么或做了什么，和用户一点关系都没有，他们只关注自己关心的点。小米手机的创始人雷军是谷歌体验式设计的崇拜者，谷歌十诫是雷军要求所有游戏团队的员工必须抄写的。这十成，第一条就是一切以用户为中心，其他一切纷至沓来。

小米手机抓住了消费者体验的两个基本要点，一个是消费者高品质的应用的需求；另一个是硬件的体验怎么样。雷军说："对于硬件方面，小米手机虽然一直以价格实惠为核心，但是作为用户，其实我们更希望看到的是硬件的稳定性与更好的用户体验性。"

2. 用"海底捞精神"做好互联网服务

说起海底捞火锅，其无微不至的服务精神，甚至比美味的火锅更有名。那么，海底捞到底是如何做服务的呢？

在饭点的时候，几乎每家海底捞都会有这样的场景：人声鼎沸，等餐的人几乎和就餐的人一样多。等待本就是一件痛苦的事情，饿着肚子、一边看着别人用餐一边等位就更加煎熬了。而海底捞则设身处地站在顾客的角度上考虑问题，硬是将等餐变成了一件愉快的事情。

手持号码等待就餐的顾客一边观望屏幕上打出的座位信息，一边接过免费的水果、饮料、零食；如果是一大帮朋友在等待，服务员还会主动送上扑克牌、跳棋、围棋之类好玩的东西供大家打发时间；趁这个时间来个美甲、擦擦皮鞋也不错，而且这些服务都是免费的；规模大一些的海底捞分店还安排了电脑，等位的功夫也可以去上网。

当客人坐定点餐的时候，围裙、热毛巾等都已经送到眼前了。服务员还会细心地为长发的女士递上皮筋和发夹，以免头发垂落到食物里；戴眼镜的客人则会得到擦镜布，以免热气模糊镜片；服务员看到你把手机放在台面上，会不声不响地拿来小塑料袋装好，以防油腻；如果点的菜太多，服务员会善意地提醒你现在点的已经够了，假如都想尝尝，可以点半份；每隔 15 分钟就更换的热毛巾，卫生间里有牙膏、牙刷、护肤品，餐后还提供薄荷口香糖等。

从很多小细节里，顾客都能感受到海底捞给予的真诚服务。真心实意地为顾客着想，细致地考虑顾客的需要，真诚地去回应每一个细小的需求，这已经成为海底捞全体员工的使命。因此，雷军十分推崇因“服务精神”而声名远播的海底捞，他觉得这种精神在互联网行业也至关重要，他甚至会请小米每一位新员工来了去吃一顿海底捞，好好体验一下它的服务。

小米在经营的过程中，一直十分重视服务。在小米成立之初，雷军制定了三条军规，其中最重要的一点就是与米粉交朋友。如何落到实处，小米学习的是海底捞。就是把它变成一种全员行为，甚至赋予一线权力。比如，在用户投诉或不爽的时候，客服有权根据自己的判断，自行赠送贴膜或其他小配件。很难想象，在小米 2013 年七百万台手机销售量里，买了两台到四台的重复购买用户高达

42%。黎万强说：如果能够踏踏实实地维护好一两百万的用户，他们真的是认可我们，对这个品牌的忠诚度、认可度很强，就够了，不要想太多。

因此，为了更好地为小米手机的用户提供服务，雷军投资了1.2亿元用于布局“小米之家”，以作为小米手机提货点、小米售后服务点和小米粉丝站。

对于手机的售后服务问题，小米向用户承诺将提供包修、包换、包退服务，即产品售出（以实际收货日期为准）起，7日内可据三包服务细则退货、15日内可据三包服务细则换货、12个月内可据三包服务细则保修。小米手机用户可在线提交退换货申请，也可通过联系小米客服中心办理退换货手续。

2013年的3·15晚会针对苹果手机的售后服务进行了曝光，而且在与包括三星手机的售后服务的详细对比中，小米的售后服务也是最好的，其售后服务政策以及对用户的服务态度，都远远高于其他手机品牌。

在雷军的意识中，小米不需要考虑销量，也不需要考虑营业额和利润，需要考虑的只是每一个消费者，每一个“米粉”在买了小米手机以后，他们用的感觉怎么样，他们遇到了什么困难和问题，小米怎么帮他们解决。这样，对小米而言，把焦点坚实地放在“互联网服务”上，才是最重要、最急需的，至于最终能够卖出多少台手机、赚多少钱，这些都是顺理成章的事情。

实际上，在智能手机时代，产品的更新换代速度变得非常快。市场和舆论有不少唱衰安卓系统的，而小米和MIUI一直在安卓阵营。但雷军表示，未来安卓阵营只剩三家大公司的时候，混乱局面就能终结。而小米只要专注做好服务、做好产品，就能成为剩下那三家手机厂商的其中之一。

在服务精神上，小米要像海底捞学习，做好互联网服务。在雷军的商业理念中，顾客在商家消费的不仅仅是产品本身，更重要的还有服务。

3. 服务决定成败，服务创造价值

苹果公司是世界知名的手机及 IT 设备营销商，它之所以能获得高端手机客户的青睐和喜欢，并且作为有地位人士的手机首选和象征，这与苹果公司总裁乔布斯在员工销售培训中的十条黄金服务法则是分不开的。以下是这十条服务法则的具体内容：

1. 所有笔记本电脑的屏幕必须在开门前以相同角度打开。这一方面是出于美观考虑，但主要目的还是为了吸引用户亲手触摸笔记本。这个角度可以吸引用户调节屏幕，适应自己的高度。苹果员工使用一款 iPhone 应用来统一所有屏幕的打开角度。

2. 顾客可以无限地时把玩设备。苹果会专门嘱咐员工，不要给顾客施压，迫使他们离开，目的是培养客户的“拥有体验”。

3. 电脑和 iPad 都必须安装最新、最流行的应用。苹果零售店的电脑都会配备一系列热门应用，与之相比，百思买的电脑屏幕都处于关闭状态。除此之外，苹果零售店内的所有设备都可以接入高速互联网。

4. 每个应聘者都要回答管理者的三个问题。其中一个问题是，

“他们能否与乔布斯旗鼓相当？”这个问题是为了考查应聘者能否自信地表达自己的想法。另外，管理者还会问：“他们是否展示出了勇气？”以及“他们能否提供利兹－卡尔顿酒店那种水平的客户服务？”员工是苹果零售店的灵魂。

5. 如果无法修复技术问题。维修人员必须说“根据目前的情形来看”，而不能说“不幸的是”之类的话，除此之外，苹果还要求员工在谈到“功能”时，要使用“好处”来代替。苹果针对零售店的员工用语制定了严格的规定。

6. 提供一对一培训的员工在未获得用户许可前不得触碰用户的设备这一规定的目的是为了让用户自己找到解决方案。

7. 超过保修期后，维修人员仍然有权为用户延长保修服务，最长不超过 45 天。为了提升用户忠诚度，苹果在这方面显得很大度。如果超过 45 天，则需要获得管理人员的签字。

8. 员工不拿佣金，也没有销售指标。苹果零售店员工的职责不是推销产品，而是帮助顾客解决问题。

9. 如果客户念错了产品名称，销售人员禁止纠正。为了营造积极的氛围，销售人员不能给顾客留下趾高气昂的印象，所以，必须将错就错。

10. 员工必须在顾客进店后立刻迎接。不仅要欢迎，还要热烈欢迎。如果需要排队，热烈的欢迎就会让顾客感觉自己受到了尊重，也就不会感觉队伍那么长了。

上述服务法则让苹果零售店平均每平方英尺（约合 0.09 平方米）每年创收 5600 美元，每周吸引两万人的客流，成为全球盈利能力最强的零售店。

比尔·盖茨说："21世纪所有的行业都是服务性行业。"现在，服务已不再是狭隘的服务，而是一种大服务观念，它是一种人与人之间的沟通与互动，来源于所有人和所有行业，也就是说，我们每个人都是在从事服务业。

服务决定成败，服务创造价值。一个没有服务观念并且不提供优质服务的企业，必将被同行远远地甩在后面；而一个以服务为经营理念，以服务赢得顾客的企业，必然会遥遥领先于同行。

在2010年的一次会议上，任正非进一步指出：在华为，坚决提拔那些眼睛盯着客户，屁股对着老板的员工；坚决淘汰那些眼睛盯着老板，屁股对着客户的干部。

21世纪初，法国波尔多，六月天。阿尔卡特董事长瑟奇·谢瑞克（Serge Tchuruk）在自家的葡萄酒庄园接待来访的中国客人——华为总裁任正非。

瑟奇·谢瑞克先生说："我一生投资了两个企业，一个是阿尔斯通，另一个是阿尔卡特。阿尔斯通是做核电的，经营核电企业要稳定得多，无非是煤、电、铀，技术变化不大，竞争也不激烈；但通信行业太残酷了，你根本无法预测明天会发生什么，下个月会发生什么。"

瑟奇·谢瑞克先生是业界广受尊重的实业家和投资家，阿尔卡特更是全球电信制造业的标杆公司。尤其在美国2001年互联网泡沫破裂之后，阿尔卡特与爱立信、诺基亚、西门子这几家欧洲电信企业，并肩成为貌似"坚不可摧"的业界巨擘。

欧洲普遍的开放精神不仅快速地培育出几大世界级的电信制造商，而且也造就了一批全球化的电信营运商，英国电信、法国电信、德国电信、西班牙电信、沃达丰……它们不仅在欧洲各国，而且在全世界各大洲都有网络覆盖，而美国、日本以及中国的电信企业，与欧洲同行相比，显然是有距离的。

“领路者”阿尔卡特的困惑与迷茫使任正非格外震惊，回国后，他向公司高层多次复述瑟奇·谢瑞克先生的观点，并提问：华为的明天在哪里？出路在哪里？”

华为内部由此展开了一场大讨论，讨论的共识是：华为要更加高举“以客户为中心”的旗帜。华为能够发展到今天，靠的就是这一根本，华为的明天，也只能存在于客户之中，客户是华为存在的唯一理由，也是一切企业存在的唯一理由。

在之后形成的华为四大战略内容中，第一条就是：“为客户服务是华为存在的唯一理由；客户需求是华为发展的原动力。”

《华为基本法》第二十五条规定：“华为向顾客提供产品的终生服务承诺。我们要建立完善的服务网络，向顾客提供专业化和标准化的服务。顾客的利益所在，就是我们生存与发展的最根本的利益所在。我们要以服务来定队伍建设的宗旨，以顾客满意度作为衡量一切工作的准绳。”

服务是一个老话题，但它时时刻刻都具有新的含义，具有新的服务观念，也是不断顺应市场需求变化，提供持续高质量的全方位优质服务。

美国和日本的服务业就很发达，而且还在不断的完善中。在日本，不管一个人的出身如何、不管一个人的教育水平高低、也不管一个人的收入多少，大多都把基本的服务细节和服务标准深刻于心，而不需要特别的培训。

日本一位经济学家称："优质的服务是回报率最高的投资。"也就是说，服务能够产生价值，服务本身也是一种价值。服务好，顾客不但会再次光顾，而且还很可能介绍更多的人前来；服务不好，顾客就不会再上门，而且也会让周围的人也都知道这一点。

服务中蕴含着美好的前景，具有服务观念，做到"用服务赚钱"是时代的声音，时代的要求，也是时代的主流和风尚。

所以，以服务精神善待每一位顾客，服务每一位顾客，就是点亮了一盏吸引顾客的明灯，也为自己照亮了一条通往未来的道路。

是否还记得雷军在发布"米 1"的 PPT 中有一个图片，他是小米客服的 001 号，而整个小米是全员客服。

提升客户反应速度也很关键，小米的微博客服团队有一条硬性规定：在用户"@ 小米"之后，必须在 15 分钟之内做出反应。要知道，小米的新浪微博自 2011 年 8 月上线以来，"@ 小米手机"拥有 217 万粉丝，"@ 小米公司"拥有 159 万粉丝。

此外，小米还对进入的新媒体阵地进行了定位划分，除了共同承担客服的任务以外，基本形成了"微博拉新、社区沉淀、微信客服"等体系化运营架构，以此将每个阵地的属性效果发挥到最大值。

"客户就是上帝"的口号是西方人提出的，一部分西方的商业发展史从头至尾贯穿着"客户第一"的伟大理念。道理很简单：企业的目的是赚钱，不能赚钱的企业是没有价值的。

然而，赚谁的钱？当然是客户的钱。谁能让客户自愿自觉地掏腰包，让更多的客户掏腰包，让客户长期地掏腰包，谁就有可能变得伟大。

百年西方管理学的核心思想，绕来绕去还是离不开一个根本：如何围绕消费者的需求，为公司定位，为管理者定位，为公司的产品定位。

4. 别卖“产品”，卖“服务”

有的商家认为，产品的质量是第一位的，只要产品好，就不愁卖不出去，所谓“酒香不怕巷子深”“皇帝的女儿不愁嫁”。但是这种说法在大多服务业中已经被打破。事实上，只卖“产品”，不卖“服务”已经不能将产品顺利出售。

由于互联网使用户的个性化需求得到了最大化的满足，市场被进一步细分，用户的消费思维不再是“市场上有什么”，而是“我要什么”，企业要做的不仅是“低成本地提供所有商品”，而且还要“高效率地帮用户找到它”。

国际营销大师科特勒提醒企业，应该把扶持产品的服务当作是取得竞争优势的主要手段。事实证明，消费者更喜欢从服务较好的企业购买产品。

顾客需要的是全面满足他们需要的产品，商家要想在市场竞争中立于不败之地，不但要靠优质的产品，而且也要靠优质的服务。海尔就成功做到了从卖“产品”到卖“服务”的转变。

产品是有形资产，服务是无形资产。而且，服务是产品被选择的窗口，顾客只有认可了服务，才会将产品带走。也就是说，服务才是真正的卖点，是产品价值和产品顺利出售的承载者。别卖“产品”卖“服务”，说的就是这个道理。

服务不只是促销产品的手段，把优质服务自觉融入产品品质、品牌中，在服务中塑造品牌形象，使顾客认同自己的品牌，认同自己的服务，这才是服务的真谛所在。

也就是说，不但产品本身有价值，服务本身也是有价值的，而且，在一定程度上，服务的价值承载着产品的价值。因此，有企业家这样说道：“服务才是全世界最贵的产品。”的确如此，只有懂得以服务的理念经营，才能让企业走得更远、变得更强。

盛大 CEO 陈天桥是中国最著名的财富新贵之一。他起家于网络游戏，却对网游技术一无所知，他的成功令人觉得不可思议。别人问陈天桥，你的商业哲学是什么？“我可以用一个词来概括——服务。”这就是陈天桥成功的秘诀。

在盛大起步初期，陈天桥很快就发现他不得不克服眼前的一些巨大的障碍，比如，当时的网民所使用的依然是拨号连接，速度很慢。

为了不影响反应时间，陈天桥意识到他不能像其他运营商那样将服务器集中在一起。因此，他在全国范围内建立一张服务器网。

在陈天桥看来，娱乐的人性化必须有人性化的服务手段作为支持，游戏玩家面对的不是冷冰冰的电脑和软件，而是由情感因素维系和融合起来的一种氛围，为此，盛大引进了美国最先进的 RSR 令牌系统，为玩家提供世界级的中央监控系统，同时通过 e-sales 把各地的网吧作为销售终端，网吧老板只要在盛大网站上登录注册，就可成为盛大在各地的经销商，可以在网上直接获取账号，而不用跑到书报厅去买卡。

在盛大位于上海的服务中心，电话服务中心平均每天都要接听8000个来自游戏迷的电话，回复1万条寻求帮助的电子邮件。

游戏在线人数飙升，达到十万人级别的时候，盛大全国的服务器增加到了几十组，原有的服务系统面临崩溃。陈天桥毫不犹豫投入500万元巨资，建立一套大规模的呼叫中心。呼叫中心规模可与电信级呼叫中心相媲美，平均每天接听超过3000个电话，相应问题提交、答复只需24小时。

服务为陈天桥带来了巨额财产。但是，令陈天桥更为高兴的是，盛大的服务得到了社会的认可。在由中国质量学会、中国名牌商品学会等单位举办的“2002年中国市场消费商品质量信誉竞争力调查”中，“传奇”被列为同行业第一品牌，“监管网络管理员”“24小时回复”“双密码认证”等盛大首创的服务模式已经成为中国网络游戏业的默认标准。

陈天桥说，盛大对中国游戏产业最大的贡献之一是提出并实践“服务”的概念。在盛大之前，国内所有的软件开发商、销售商、游戏运营商都是以商品销售作为核心。

当看到盛大2001年提出服务理念并以服务为企业发展核心取得显著成果之后，很多运营商逐渐研究并模仿盛大的服务模式。

陈天桥认为，盛大的核心竞争力不是游戏的运营，也不是产品的研发，而是盛大的服务理念。

我们知道，随着社会的不断发展，产品在品质、价位上已经差异无几，利润空间大大压缩，厂家之间的品质战、价格战也退居其次，服务战已经上升为主旋律。

人们的消费观念也不断发生变化，已逐渐由对产品的要求转向对服务的要求，对此经济学家称："服务经济时代已经到来。"

如今，国内市场正逐渐由原来的"产品竞争"转变为以"服务竞争"为基础的营销战略，大多数企业都将服务作为获得市场占有率的秘密武器。

例如，中国电信提出"用户至上，用心服务的口号"、全球最大的计算机信息工业跨国公司 IBM 的口号是"IBM 就是服务"、联想集团甚至提出"将服务写进每一个人的 DNA 中"等。

从这些知名企业的广告宣传语中我们不难发现，服务早已成为企业在市场上竞争的关键，而一家企业提供的服务如何，将最终决定着企业的成败得失。

所以，为顾客提供实惠、公平、优质的服务，不是卖"产品"，而是卖"服务"，这一新的理念是所有企业都应该认真考虑的问题。

5. 阿里巴巴做的是服务生意

在阿里巴巴，在马云平凡的理念中，也有像天神一样不容侵犯和更改的最高原则，那就是阿里巴巴是一家服务公司，这是对公司最准确的定位，也确定了公司未来的发展方向。

马云并不认同"阿里巴巴是一家电子商务公司"的观点，反而更倾向于"阿里巴巴是一家商务服务公司"的说法。阿里巴巴只是将全球的中小企业的进出口信息汇集起来的平台。因此，"倾听客户的声音，满足客户的需求”是阿里巴巴生存与发展的根基。

关于什么是电子商务，马云解释道：这几年电子商务被说得越来越神奇。他打心眼里不太愿意参加IT的论坛。人家一说马云是IT的业内人士他就慌了，急忙解释道：“阿里巴巴不是一家IT企业，而是一家服务公司。”

马云这样说：

“我再强调一下，我们公司的定位是什么？我们是一家现代服务业的公司。告诉我们所有的员工，阿里巴巴是一家现代服务业公司。说透一句话，我们靠服务吃饭。服务绝对不是这个部门的工作，也绝对不是那个部门的工作，而是每个员工的工作，是每个manager（管理者）的工作。

“我特别希望我们阿里巴巴也出现这样一批员工，就像我上次说的，Toyota（丰田）公司，那个老头能够在下雨天去替别人修在马路中间爆胎的汽车。我们员工要捍卫、建立自己这方面的服务品牌。

“前段时间，我的电话号码好像被谁公布到了网上，结果各种各样的电话都打过来，昨天晚上还有人跟我打电话，很晚了，我刚从日本回来。他还很激动，是不是马先生？我是阿里巴巴诚信通的客户，在诚信通上面受骗了，来投诉你们的服务人员没有理我，所以我现在要向你投诉。如果我们的渠道不通，电话都打到我这里了。

“服务是世界上最贵的东西。世界上什么东西最贵？机器不贵、设备不贵，房子不贵，因为它们都是可买的。只有服务是最昂贵的，服务用的是我们每个人的时间，我们的时间是没有办法买回来的。

“现在，星期六、星期天，我们服务人员要值班。请大家做好工作准备，我觉得很快就要建立起来。因为淘宝网啊、支付宝啊、阿里巴巴啊，服务人员休息，但客户的生意没法休息。

“这里跟大家通报一下情况。最近我们还看到了很多文章，百分之九十的文章都是骂我们的，还有百分之十的文章是我们自己写的。跟我判断的一样，大家不要吃惊。

“现在外面百分之十的文章我们也不写了。也确实有我们的对手请了四五家公关公司天天在给我们写不好的文章。我们都知道，说我们今天要破产了，明天要走到一个什么边缘了，后天又要怎么怎么。有些文章我很想拿来和大家分享一下，提高一下抗击打能力。

“商业不挣钱是不道德的，但是光为了挣钱也是不道德的。我们还要创造需求，创造市场。如果大家发现外面有什么异常现象，或者有什么不明确的事，立刻写信，立刻跟我沟通，我会把事情跟大家讲清楚的。”

“电子商务就是一个工具，阿里巴巴是家服务公司”这一理念，让马云坚定了信心：技术就应该是傻瓜式服务。阿里巴巴能够发展得这么好，主要是因为他们的 CEO 不懂技术。

大批懂技术的人跟不懂技术的人一起工作，会很开心，马云也觉得很骄傲，因为有 80%的商人跟他一样不懂技术。他要求阿里巴巴技术非常简单，使用时不需要看说明书，一点就能找到想要的东西。技术应该为人服务，人不能为技术服务。

马云说，今天是用电子商务帮助客户成功，如果明天有更好的方法帮助客户成功的话，他一定会扔掉电子商务把它经营起来，客户是最重要的，用什么样的方法并不重要。

未来电子商务的赢家绝对不是纯粹的传统企业，也不是纯网络公司，而一定是能把传统企业和电子商务结合得很好的企业。这正是马云将阿里巴巴做成服务企业的理念源泉。

6. 要用心来思考产品

从一个技术宅男到腾讯 CTO（首席技术官），从一个 IT 民工到坐拥二十多亿美元财富的富豪，张志东演绎了“用心去做”的真谛。当年的理想是希望凭着对计算机的爱好，能够做一些给很多人用的东西。

在深圳大学，张志东和马化腾都属于计算机技术拔尖的一拨，但张志东是其中最拔尖的。即便放大到深圳整个计算机发烧友的圈子里，张志东也是其中的翘楚。

张志东基本上没什么特别的业余爱好，下象棋可以说是他唯一的兴趣，但在工作上，他确实是一个不折不扣的工作狂。在黎明网络工作的时候，张志东就非常努力，加班到第二天深夜两三点对他来说是一件很平常的事情。

QQ 的架构设计源于 1998 年，正是由张志东搭建的。如今十多年过去了，用户数量从以前设计时的数以十万计到现在的数以亿计，整个架构还可适用，实在难能可贵，甚至可以说不可思议。

张志东思维活跃，沉迷于技术，一心希望可以通过技术来帮助别人改变生活。有一次，他去帮一个政府客户进行网络设置，当他尽善尽美地将一切功能都架设完成后，发现对方仅仅使用其中非常小的一部分功能，这对张志东是一个不小的触动。

张志东第一次开始有强烈的用户意识，这也使腾讯对用户一开始就有很强的吸引力和黏住用户的考虑。

什么叫用心？360公司的周鸿祎说：

“优秀的产品经理心里都有一个大我，他不是对老板负责，而是对产品负责，对用户负责，他甚至会把这个产品看成是自己的孩子。

“比如说，你如果是一个设计师，除了美化、润色、做方案之外，是不是也要用心地去了解这个产品是怎么回事？用户是什么样的人？用户为什么用这个产品？他在什么场景下用？

“这个产品给用户创造什么价值？如果说一个技术工程师只满足于堆出一堆代码实现了一个产品功能，但根本没有想过自己在这个过程中通过积极参与可以让产品得到很多改善，或者对于认为不对的地方，也不想提出反对意见，这样的技术工程师就不要抱怨自己是 IT 民工，因为这种思维方式就注定了他一定是一个 IT 民工。

“我有几个个人心得，不是因为我有多么成功，而是因为我曾经是最大的失败者。我在用户体验上犯了非常巨大的错误，甚至被别人骂得狗血喷头，大家看到我有投资和参与做的成功产品，那是因为你们没有看到背后还有很多不成功的功能、不成功的产品。所以正是有很多经验教训，我总结出几个简单的心得，就是几个‘心’字”：

“一是说起来最简单，就是用心。

“很多人笑了，我们做事不用心吗？很多人原来在公司里只是一颗螺丝钉，很多时候做产品，真是为自己在做，还是觉得在执行老板旨意，还是执行上级的命令，真的在用心吗？

“如果一个人把自己看得太小，只把自己看成一个打工的，如果你是这样的层次和胸怀，你不可能成为一个真正能做好产品的产品经理，所以我希望各位听了我的心得，回去在公司上班的时候，也不用管公司是不是你自己的，你拿出一点创业精神。

“很多人讲我又不是创业者，我干吗要创业精神，难道非要你自己办公司才能把一个产品做好吗？其实在别人的平台上花着老板的钱，花着公司资源，做不成是公司交学费，如果我们都不能把自己充分调动起来，想把一个产品做到极致，让这个产品在市场获得成功，给自己积累，无论是声望，还是积累人脉关系，更多的是积累经验教训。

“难道你今天从公司出去拿一笔钱，自己再做一个公司，你真的觉得你做产品的能力就有所提升吗？我跟产品经理讲，你心里要有一个大我，要对这个产品负责任，要把这个产品看成你自己的产品，我认为每个人都是有潜力的，我经常给员工举一个例子，很多产品经理做产品，能挑出很多问题，也尽到了他工作的职责，但是仅仅靠尽到工作职责很难成为优秀产品经理。

“在座诸位，我知道北京买房很难，当然来360可能有点机会，我可以告诉大家，我做公司这么多年里，看到很多同事好不容易买一个小房子，然后装修，他们都成了装修专家，瓷砖专家，马桶专家，为什么呢？因为这是他的房子，他每天花很多时间在网上搜索，每天到建材城和卖建材的人斗智，只要拿出装修自己家的精神，一个外行就能够成为瓷砖专家、浴缸专家，没有理由不成为一个产品专家。

“很多人问我，我先讲一个大家觉得特虚的用心，即便大家觉得我在产品上有一些心得，实话说每次做一个新的产品，我也不是拿出几个锦囊，也不能在那三分钟有灵感，我也花很多时间看同行的东西，去论坛看用户评论，花很长时间用这个产品，每个产品都是要呕心沥血，有时候感觉做一个产品就像一个妈妈十月怀胎生一个孩子，就算你成功养育了三个孩子，第四个孩子不用十个月，三个月就生出来，可能吗？还是要经历十个月的痛苦的孕育过程，我觉得用心，对自己负责任，对自己做的产品负责任，是一个产品经理的基本前提。

“尽管你在公司的头衔不高，职位不高，产品经理是最委屈的，因为他头衔最低，经常要协调很多人，要忍受技术部门的白眼，更要忍受公司不同高管不同方面给他近乎矛盾的要求，甚至有时候不得不忍受一些所谓白痴领导给他的指令，而且很多时候还要协调公司内部不同的部门，包括市场、传播等。

“但是我认为产品经理就是总经理，就应该把自己当成一个总经理，要敢于说话，要能够表达自己的意愿，敢于对一些意见说不，要能够鼓起勇气去推动很多事情的进展，哪怕非常难。

“所以一个人如果在公司里历经很多波折，最后能够把一个产品往前推动，并不意味着一定要贯一个头衔。美国那些创业公司，其实根本没有产品经理这个头衔，主程序员就是产品经理。

“换句话说，一个优秀的产品经理，如果有一天想创业，想拥有自己的生意，想拥有自己的事业，如果不能够成为一个优秀的产品经理，坦率的说很难，成为产品经理是一个最重要的前提。

“二是将心比心。

“我刚才讲完了一个大我，比较自我，敢于承担责任，将心比心讲的是小我、忘我、无我，我们做产品无论有多么好的技术卖给用户，有多么好的设计感觉给用户很酷的设计，其实都要把握一个理论，就是用户体验，什么叫用户体验，为什么不叫产品经理体验不叫老板用户体验？

“因为所有体验从用户角度出发，从用户角度来看产品，你觉得好的产品用户不一定买，用户选择一个产品理由跟行业专家选择一个产品的理由，有的时候是大相径庭的。

“用户选择一个产品，有时候非常简单，如何学会从用户的角度出发思考，我觉得对很多人来说，说起来是一件很简单的事，但是实际上很难做到。因为每个人不管成功还是失败，随着自己经验的增加、阅历的提升，每个人讲的最多的是什么？是我认为，我以为，我觉得。

“我们自我太多了，很多时候做产品，是给自己做。

“我们很多时候讨论产品的时候，在激烈争论不下的时候，争论双方可能没有站在用户角度，都是激烈的认为自己是对的，对方是错的。如何能够让自己将心比心，这在心理学上有种词，叫同理心，从用户角度出发来考虑问题，这对很多人来说不是能力问题，而是一个心态问题。

“原来我有一句话，我教育公司里的很多人，像小白领用户一样去思考，思考完了得出结论，像专家一样采取行动。很多人颠倒过来了，像专家一样思考，像白痴一样采取行动。

“最近微信产品的负责人张小龙的观点，跟我几年前说的观点是不谋而合的。三年前我在主导这个话题，大道理是一样的，进入白痴状态或者进入傻瓜模式，你们每个人有没有一个按钮，能够快速地进入傻瓜模式，我在公司里很多时候讨论产品，我给产品经理一个挑战，也是因为我能够这么多年被用户骂得多，经常到第一线看用户的帖子，在微博做用户的客服，这不是为了作秀，而是为了保持真正掌握用户的想法。

“我最喜欢的杂志不是行业高端杂志，类似电脑迷、电脑爱好者、电脑软件，在地摊上卖的中低用户的普及杂志，上面有很可笑的文章，这么简单的功能早就用了，为什么写一篇文章教育用户，因为用户真的不知道怎么用。

“通过不断的历练，我有一个心得，手下做出一个软件，给我用的时候，我好歹也是一个程序员出身，也干了这么多年技术和产品，一个功能多动两下鼠标找到了，能难得住我吗？

“或者说一个按钮文字写得很晦涩，我看了一遍，稍微动脑筋一想就明白了，但是另一个白痴的我起作用了，如果看什么东西能够不加思索地去用，我就觉得这个产品很顺畅。

“但是，有的时候我亲手设计的产品，设计完了我用的时候就精神分裂了。周鸿祎设计的，但是白痴周鸿祎开始用，用一下就觉得别扭，一段文字看一下，怎么看不懂是什么意思呢？我马上会告诉产品经理，这个有问题。

“我做产品，至少有一半的灵感从用户那得来的，不是说用户会具体告诉你一个产品应该怎么做，这可不能直接问用户，用户具体需求，一个个案需求不能听，那样会被用户牵着鼻子走。

“用户需求同理性，把自己置于用户情景中，用户为什么会这么想，用户为什么会这么来抱怨，这个抱怨的根源是什么，你就会发现，你想得再好的产品，这里也会有很多问题，自觉不自觉，做着做着按照自己想法做。要从用户的思维模式出发，使用户体验找到最好的感觉。

“我一直强调用户体验，所有的体验都是要从用户出发，作为我们行业专家，特别是各位最容易犯的一个错，就是因为你在行业里混久了，经常参加行业高端论坛，结果同行讨论问题，往往同行加强，你讲一个道理，你做一个产品，同行一定认同。

“但是在中国，往往一个高端人群都很认同的产品，在大量的中低端人群中很难被认同，中国互联网有一个巨大的鸿沟，在高端用户和真正的主流用户上，谁能够跨越这个鸿沟，谁就能够从用户角度出发。

“三是处处留心。

“很多人觉得在公司工作的时候，在开产品讨论会的时候才叫改善用户体验，下了班或者没事的时候，这事就跟我没关系了，这种人很难成为优秀的产品经理。产品体验无处不在，任何事情都是产品体验。

“比如坐航空公司的飞机，整个登机过程，机场安检的流程是糟糕的用户体验。如果不幸摔伤了腿，拄着拐杖去医院，当然很多现代化的医院改善了，但是按传统医院的流程，永远不知道先到哪儿划价，然后再去交费、拍片子，让你楼上楼下跑很多个来回。

“包括著名的笑话：在北京西直门的桥上，所有的司机都会觉得走入了丛林一样。如果去过美国，美国的路牌和中国的路牌相比，中国的路牌总是当你看清楚以后已经上错了道路或者已经到了下一个出口，但是美国路牌会提前提醒你。

“在日常生活中体验无处不在，如果能够处处留心，把自己当成一个总在抱怨的用户，并上升一个层次，抱怨完了之后，想想为什么会抱怨，这个东西怎么改善。如果我是道路设计师，如果我来设计医院，如果我来设计摇控器，大家用的手机、车钥匙，会发现这里面有很糟糕的东西，你思考的过程，可以提升自己对体验的感觉。

“行业专家容易有行业误区，因为在这个行业里太熟悉了，审美疲劳了，已经形成了惯性思维。有时候做一个用户，没有耐心，很暴躁。在你的行业里，用户用你的产品出错了，你会很不以为然，这有什么大不了的事，程序出错了再重装一遍不就得了。

“大家买车的时候对车不了解，听着推销员天花乱坠的介绍，你可能不会关心这个车的某个螺丝是什么做的，可是到自己产品的时候，你巴不得把技术细节都展现给用户，也不管用户懂不懂。很多人买家电，真正懂家电的技术吗？很多人因为家电长得好看，或者现场推销员一顿天花乱坠的忽悠，把彩电买回家，买了很多功能回家，回家自己最能用的还是音量键、开关键和频道键，摇控器上大部分键都摸过吗？

“电视机有看照片的功能，你是否把 SD 卡往里插了呢？你如果插了一次，就会知道这个功能不是给人设计的。

“我有时候会说，很多功能做得像找抽型功能，说你没做吧，你做了，功能都有；说你做了吧，用户用起来很难。为什么鼓励大家在不熟悉的领域处处留心，就是为了发现用户感受，培养同理心。

“如果在日常生活中，不仅仅是在上班那几个小时，处在一种用户的模式，能让自己不断地发现问题。过去一个好的诗人，不是天天在屋里看唐诗三百首照着抄就能写出伟大的诗篇，而是他有赤子之心，有胸怀，到处采风，游历名山大川，和朋友交往，才能有这种灵感，很多产品的灵感来自于在产品之外。

“据说苹果设计师来苹果之前，设计最酷的产品是马桶，很多人觉得很奇怪，怎么设计苹果的人是一个设计马桶的人，你们不觉得在白色上有共同的灵感吗？

“四是没心没肺。

“就是脸皮要厚，不要怕人骂，最好的产品不是完美的，而是优美的，是优雅的，能解决用户问题，但是一定不完美。苹果的产品还是有很多缺点，但是有一点或者几点能够对你有强大的诱惑和感动，这就够了。所以没有缺点的产品是不存在的。

“很多设计师做事要求完美，我做产品要求做到极致，而不是完美，完美不可能，要有这种开放的胸怀，能够听到别人骂。甚至竞争对手雇水军来骂我，再难听我也会咬着牙跟团队说说想想产品有什么改进的，让他骂不出。很多设计师出身的产品经理，有一颗敏感的心，被老板一批评就蔫了，被同行一挑战就说我不跟你讨论了，你不懂。

“我觉得做一个好的产品经理，要对产品的结果负责，心要粗糙一点，要迟钝一点，不要管别人怎么说，要能够经受这种失败，因为好的产品，是经过不断的失败，不断的打磨，好的体验绝对不是一次到位，要不断地一点一滴地去改进。

“当你们今天去谈论苹果的时候，谈论成功公司的产品的时候，一定不要照着今天的成功去模仿，一定看他刚起步的时候多么粗糙的原型，读读《乔布斯传》，看看苹果的真实历史，第一代苹果手机跟摩托罗拉合作不成功的例子。

“最终的产品还是要获得大众的认同，不得不多跟大众沟通，跟市场抗争，跟对手竞争，原来很多设计师认为自己很不懈干这个事，不得不忍受来自市场各种用户的建议、正常的反馈，甚至包括恶毒的攻击。

“有时候我觉得自己没心没肺，别人骂多了，刚开始有感触，后来就习惯了。”

所以有这样几个心就具备了产品经理的基本素质：用心、将心比心、处处留心、没心没肺。

这是一个产品经理人的时代，只有产品经理人把心思用在产品上，才能做出让用户满意的产品。

第六章 平民思维

史玉柱、雷军、马化腾都是真正的高富帅，但他们都自称为平民。平民思维是一种从“草根”的角度思考问题和为“草根”用户服务的态度。

1. 小众营销，就是现在！

20 年前，电影市场的那些“现象级”票房宠儿只属于类似《泰坦尼克号》的“blockbuster”们：巨星阵容、巨额投资、史诗级题材都是彼时好莱坞大片标准统一的定位。

然而今天，传统“大片”常常遭遇营收疲软，像《电锯惊魂》这样用小成本撬动高口碑的案例比比皆是；10 年前，人们正扎堆混迹于各大 BBS 论坛中。

然而今天，各种超细分的社交平台层出不穷，定位为“知识型社交问答平台”的“知乎”正蓬勃发展，近日来又兴起了针对“雅痞 + 智趣”高知女青年的“女性版知乎”玲珑沙龙……

当我们仔细观察这些现象与趋势时，不难发现，世界的面貌似乎从未如此难以用统一的范式来描绘，人们的行为特征与消费习惯也从未如此难以预测。

正如美国经济学教授泰勒 · 科恩（Tyler Cowen）在《创造性破坏：全球化与文化多样性》中提出的：“全球化浪潮对文化的表面破坏带来的不是艺术之死，而是更丰富多彩的文化多样化。”

是的，我们真切确实地观测到了一个愈发多元化、部落化的社会，而在商业世界的诸多领域中，颠覆式的分裂与解体也正悄然发生。

在今天供给趋向无限可能的时候，伴随着传媒业的碎片化，消费者的各类原始需求几乎都能得到及时满足，但由此派生的超细分需求也开始凸显。

20年前营销专家唐·派柏斯（Don Peppers）与马莎·罗杰斯（Martha Rogers）呼唤的“一对一营销”真正能够变为现实，由此，小众营销（Micro-Marketing）开始崛起。

“小众营销”之所以在今天成为可能，与全球消费者受到以下几个层面发展趋势的影响相关：

首先是“有闲阶级”的大量产生。社会学中有一本著名的经典书叫作《有闲阶级论》，里面描述了丰饶社会中消费形态的变异，在商品唾手可得的时候，商品的心理价值、形象属性已远远超过物理功能。

社会心理学教授巴里·施瓦茨（Barry Schwartz）提出，当前的丰饶社会下消费者面临“选择大爆炸”，消费观念从功能消费演化至价值观消费，个体选择的权力与自由从未被如此释放；而选择的大爆炸使得人们的表达欲倍加激发，反向派生出更多选择空间。丰饶社会和有闲阶级使得消费者从“consumer”变成了“prosumer（参与生产的消费者）”。

第二层效应是“长尾效应”。当克里斯·安德森（Chris Andersen）在2004年第一次提出“长尾”理论的时候，互联网仍处于PC时代，而安德森当时创造“长尾”的目的也是用来描述亚马逊、Netflix等所谓“长尾集合器”网站的商业模式的。

长尾是尾部需求趋向无穷的加和。在互联网时代，长尾效应让厂家摆脱了货架供给瓶颈，小众需求由此聚合，从而产生供给与交易的可能。

然而仅有长尾还不能构成小众营销，需要第三层效应的凸显，即“连接效应”：移动互联和PC互联最大的区别不是手段的移动，而是“人的互联”。移动互联实现了人与人之间真正的链接，因而能做到最大化地将碎片化的消费者行为、角色打通。

如果说“旧长尾”只能通过打造长尾集合平台做到一定程度的纵向深度，移动互联网时代的“新长尾”可以实现纵向深度和横向圈层的兼顾。新长尾不仅仅是一个个“小众”“冷门”的集合器，更具备了互动沟通、深度挖掘甚至一对一定制的基础。

最后一个重要因素来源于“反馈经济”。小众营销之前并未形成营销策略的主流，很大一个原因是小众群体的需求难以洞察与测量，比如如何寻找小众群体、如何确保企业提供的产品和服务解决小众群体的痛点。

而在移动互联时代，企业可以通过社群准确定位小众群体、与其进行深度对话挖掘需求，甚至可以用精益创业的MVP（最小可量化产品）的方式来验证小众群体的需求。

移动互联时代反馈经济可以满足小众营销三大要素：“EAR”，分别是：深度（Efficiency），即可以深挖该利基市场的深度需求；敏捷（Agile），即企业要准备好大量的对话内容，在了解消费群的需求与新动向时快速做出反应；响应（Response），即在利基市场形成圈层文化，引导消费者对其共同认同的文化做出回应、引发共鸣、提高忠诚度。

关于小众营销的三个误解：

第一，小众营销不是价值观的营销。

有人说，小众营销是强调价值观共鸣而并不重视产品本身的产物，会伴随价值观这张牌的打完而消褪。

的确，越是小众的市场，越需要价值观的共鸣，某种意义上小众营销就是“微点切入，深度挖掘”的模式，深度挖掘的前提是消费者对你价值与价值观的高度认可。

但是，价值观营销只能算作小众营销的要素之一，小众营销衍生并生长的本质驱动力仍然是需求的满足，产品或服务本身的特质和价值观一样重要，否则就像雕爷牛腩或者马佳佳的泡否，缺乏持续性。

第二，小众营销不是大众营销的背面。

有一种说法是小众营销只是一个跳板，以小众获得眼球经济，再逐步迈向大众，从“小而美”逐渐扩张成为“大而全”。

这种思维模式本质是把小众营销与大众营销对立。的确，很多小众营销最后过渡到了大众营销，比如零度可乐、小米手机、Beats耳机等，它们最开始都是小众化的产品，然而并非所有的小众都能扩张到大众，其背后的前提在于能否借助消费者的圈层效应进行不断演进。

第三，小众营销不是利基营销（Nichemarketing）。

利基营销本质上还是批量生产，利用新科技进展形成的客户化定制，而在实施过程中是企业单向准备内容与客户沟通。

小众营销则强调圈层，强调互动，强调企业和消费者之间围绕细分后的需求点共同创造内容，消费者参与在其中扮演了更为重要的角色。

小众营销落地七步法：

定位理论之父艾·里斯（Al·Ries）说过这么一段话：“很多公司越把自己聚焦在大众，得到的往往是小众，而把自己聚焦在小众的公司，最后耕耘出来的却是大众。”

真正的市场机会往往是相反中产生的。里斯提出来移动互联网时代更要“聚焦”。对于试图实施小众营销战略的企业来讲，仅仅做到“聚焦”可能还远远不够。

在移动互联时代，最关键的两个战略词汇是——“深潜”与“想象力”，这也是小众营销在企业中实施的核心。

所谓“深潜”，就是要比以前更深入地靠近消费者，企业要成为“顾客拥有者”，贴近客户，以降低成本，以客户增长取代以前的市场扩张，通过与客户之间的对话、让客户参与来扩大企业的边界，提供更深度的内容。

所谓“想象力”，就是在深潜的垂直思维下，以水平思维来进行补充，增加营销的创造力。小众在深潜成功的基础上，要通过想象力打开新的市场空间。

以“深潜 + 想象力”为基础，我们可以试着将小众营销的战略实施框架分为七大步骤：特定客群、快速连接、产品众创、圈层推介、跨群扩散、分项衍生和附加盈利。

特定客群：小众营销第一步就是要找到特定客群。企业在选择消费群的时候，一般采取的是传统的STP策略，即细分市场、目标市场选择和定位，可是对于小众营销，反过来PTS策略（市场定位－目标市场选择－市场细分）可能更有效，即先从定位机会入手，倒过来去切割出特定客群到底是谁。

最近香港一个非常热门的网站 Giftwell，创始人看到消费者在赠送礼物时困扰于礼物过于大众、重复的问题，于是把机会转化为“小众礼品平台”的独特定位，然后把香港独特的精致小众产品信息归总并达成合作关系，在网上搭建交易平台。

在 Giftwell 送礼者可轻易获得馈赠挚爱亲朋以及合作伙伴的独特礼物服务。例如可以在 The Principal 和 The PressRoom 享受一顿美味佳肴的礼物卡，等等。Giftwell 上市后发展迅猛，品类已经从食品、餐饮扩展到水疗服务、定制旅行等。

快速连接：找到特定客群后，企业要充分利用移动互联网与特定人群进行连接，迅速与目标客户形成可以产生持续交流与交易基础的社区。

由于第一步精准地界定了特定客群，企业可以通过多种渠道来达到迅速实现连接，比如进入“水平鱼塘”，即从别的同等诉求的社区中找到客户，如计划登乞力马扎罗山的客群可以通过蚂蜂窝、豆瓣来连接；也可以自建社区，还可以通过搭载到平台的方式，来建立自身的社群，比如将产品放在 Kickstarter（众筹网站平台）上，观察先锋人群对其产品的反馈，再将支持者转移到自身建立的社群中。

产品众创：越是精准的特定客群，在实现快速连接后可以更“深潜”地实施产品众创。只要企业能与小众用户产生持续交流与交易基础的社区，后期能实现各种将消费者从“consumer”变成“prosume”的手段，包括之前谈到的众筹、众推，都是众创手段之一。众创可以有效帮助企业在产品生产出来之前，测试到小众消费者的需求。

意大利Wowcrazy企业自从2012年年底以来，一直推动其Crowdfunding Portal门户，承诺给合作者和支持者带来“无尽的时装周（Endless fashion week）”，Wowcrazy使用者被称为“预先购买模式”，其中项目的支持者可以合作，帮助时装设计师推出新的作品上市，基本上，支持者承诺会预先购买他们所选择的衣服，参与其中提出设计意见，并投资一些钱，如果整个新品上市的经费全部收集好，他们就得到设计师作品的特别折扣。如果整个新品上市经费收集失败，支持者不会收到衣服。

圈层推介：圈层推介这一步和产品众创可能是同步展开的，也可能在产品众创之后，某种意义上讲，众创的参与感本身就是圈层推介的一种手段。

在移动互联时代营销策略很大不同的一点在于，一步接一步的次序性策略可能同时平行开展。圈层推广的核心目的在于最大化地实现小众产品对于小众客群的渗透率，即是否高度认同、是否深度占有，是否有高度的客户推荐度。

同时，圈层推介是实现小众营销走到大众市场的一个过渡，很多企业都是先通过小众营销切入到客户的生活场景中去，然后再扩大消费群，小米手机最开始的定位是“为发烧友而生”，也是在小众群体中获得影响后，再逐步品牌广度传播，占领大众市场。

跨群扩散：当然，并非所有的小众营销都需要走入大众，但是不排除很多企业的决策人有这样的抱负与需求。面对越来越注重健康的现代人，可口可乐公司2013年推出了更加低糖的饮品——可口可乐生命（Coke Life），它包装在绿色的罐子里，上有小树叶标志。

可口可乐公司承诺，它比标准的可乐更健康，本来是针对小众群体的产品却在健康风潮兴起的时代，一举变成2013年可口可乐在北美市场最畅销的新品。

还有一个典型的案例就是《侣行》，这个节目最开始是张昕宇拍摄后在探险旅行的极客中传播，后来上线到优酷后在不同的社群圈中扩散，目前点击量过亿。

从扩散的基础来看，沃顿商学院教授乔纳·伯杰（Jonah Berger）写了著名的《疯传》一书，而我们采取了同样的研究目的，却从不同的视角中提出了另外跨群扩散五个要素，这些内容的传播更能帮助企业从小众影响走向大众影响：

· 价值观点（Value Proposition）：强调独特的价值观点，可与公司业务无直接关系；

· 社会价值（Social Value）：公司业务所能创造的可感知的社会价值；

· 情境互动（Interaction）：基于特定情境下的互动感体验设计；

· 随流设计（Grafting）：跟随社交媒体热点，带动自身切入；

· 背后起底（Unclose）：对公司或行业内幕的起底，或公司夸张化的功能表达。

· 分项衍生：无论有没有从小众营销走到大众营销，分项衍生都是企业需要考虑的战略布局。前文中给出了“小众营销＝深潜＋想象力”这个公式，产品或服务对客户的需求深潜越深、越窄众，就反而需要通过想象力，增加分项产品的供给来提升企业的供给规模，以扩大企业的利润区。

2014 年，360 公司推出了测谎项链，可穿戴 360 测谎仪通过强大的音波感应功能可以自动鉴定半径 5 米范围内 20–2000Hz 的声波，并对声波进行特殊化的分析，配合手机中的测谎仪应用，你就可以轻松辨别和你交流的人是否在撒谎。

当然，分项衍生存在风险，如果品类关联范围过大，原有小众客群会质疑原有的价值观连接，形成核心客户群流失，这很可能是小米未来所碰到的核心挑战。

附加盈利：附加盈利是实现分项衍生的下一步，也是小众营销战略生态圈的最后一步，要在连接和为小众群体提供产品与服务的基础上，通过分项衍生性的产品或者构建更广泛的生态圈来形成附加性的盈利，这个盈利是建立在小众生态圈基础上的盈利，而非原有的产品或服务提供所获得的利润。

比如“飞常准”APP 早期是一个监测航班是否准时的软件，后来在此基础上开发了预订机票、买航空保险的服务，未来更可以通过大数据来向常旅客来售卖航空延误保险，基于不同的场景来实现附加盈利。

框架永远都是实施工具，必须为核心理念服务，做好小众营销，本质上还是要对消费者、对消费者需求进行深潜，并赋之以想象力来实现，让无数个零散的碎片聚合到了一起。

不仅是简单的加成，更要使其焕发、生长出更大的生态模样，借助社群的力量，让每一颗平凡的微尘都有机会划出不平凡的轨迹。

2. 小众营销成功的三大要素

小众营销成功的三大要素是：高效、灵活和回应。

大数据年代已经来临，然而大数据不一定带来大市场，而是通过数据更好地掌握不同受众的需求，洞察其所需，或者其所未能满足的地方，发展出能更满足消费者及客户的产品和服务。

良好的循环是大数据带来消费者和客户需求的洞察，通过洞察产生有效的小众营销。小众营销针对的是广大互联网时代客户的长尾，一群在市场上未能找到心仪产品及服务的客户群。只要有合适产品或服务出现，这些消费者自然趋之若鹜，品牌坚持收集消费者回馈，报以创新思维带来的新产品，成就更清晰的品牌形象及更好的客户契合。

大家千万不要被小众营销的“小众”这个词所误导，在香港的小众当然很少，而在内地的小众可能就很庞大，这是一个非常相对的说法。

在中国内地一种需求的人非常少，但放眼全世界，人就非常多了。所谓“小众”，不是绝对数目的大小，而是相对比例上的大小。

针对“小众”这个概念，我认为，小众营销成功的三大要素是：高效、灵活和回应。

今天的消费者物资非常充裕，信息渠道爆发，消费者可以在很多的渠道中得到信息。他们要求实时满足，追求有特色，能够表现自我的产品。

营销 1.0 时代谈的是供应，营销 2.0 时代谈的是定位，细分和目标营销，而营销3.0时代对于品牌的价值观提出了更高的要求。在这样的营销背景下，对于营销人员最大的挑战就是：消费者要求多样化，忠诚度薄弱。

消费者之所以会改变，这是由很多方面来推动的。针对品牌来说，品牌本身可以通过多种方法推出更多新的产品和服务，使小的需求得到满足，比如众筹平台(Crowd Funding)和新型的团购。

众筹本身就有几个不同的方式来做事情，只要有想法，不管是艺术性的，公益性的，技术性的想法，都可以利用众筹的平台来测试有多少人是精神上支持，有多少人是实质上支持。

其实，小众营销并不等同于利基营销(Niche Marketing)。利基营销的概念大概出现在20世纪80年代，利用新的科技进展成大量客制化(Mass Customication)，品牌准备好大量的内容，由个人决定产品的特质。大量客制化也就是在做一种进阶版的利基营销。但是这样的营销方式存在的问题是做不到极致，主要还是因为产品是批量的，而不是专门打造的。

小众营销的“小众”是人数很少，或者是把大众分成小众，一种深度的细分。小众营销的重点不在数量的多和少，而在于有没有注意到他们的需求。

由于他们的需求很特别，人数通常会比较少。小众的共通点是小众内部有清晰的特定需求，而这需求是品牌或者竞争者没有很好地关注和服务的。

小众营销更多的是一种营销人员及公司心态上的转变，而不是操作上的转变。公司必须了解到，这是真正针对特定需求而设计的产品、服务和方案，与客户需求息息相关。

还要找到一个未饱和、未开发或者是关注度不高的市场。小众营销，重点不是一个产品的成功，而是品牌与营销以至企业内部的思想变化。

任何时候的营销，最重视的核心是需求，必须要去了解需求。需求洞察不应该只停留在找到客户所想，特别是对品牌而言，还应该包括应用，设立原型和核实，才能实现商业化构想。

在提到需求洞察的时候，要以开放的心态接受各种想法，同时也要以严谨的精神和数据来决定方向。小众营销，在做好高效、灵活、回应的基础上，进行效果评核，才可能取得成功。

3. 为什么 MSN 会输给 QQ

投资圈有一句话，80% 的财富集中在 20% 的用户身上，服务好这些人，就可以赚到大钱。事实证明，在中国互联网之中，服务好草根用户，才是王道。

MSN 曾风光无限。它的用户界面及全球性等特征都成为中国网友特别是白领的首选，也成为互联网免费时代的身份体现。那时中国的小企鹅 QQ 刚刚开始，一个国外顶级品牌和一个国内品牌的 PK 战显得实力悬殊。但很快，互联网时代不再以品牌论英雄，不断满足用户体验变成了真正的核心竞争力。

2002 年，当时唐骏是微软中国区总裁，一份市场调查报告称，MSN 在中国的即时通讯市场份额正在被 QQ 侵吞，且 QQ 的市场增长十分迅速。

报告还指出，QQ 的独特功能“可以和陌生人聊天”是侵吞市场份额的主要原因，这个功能符合中国人的个性，更符合互联网的需求。

唐骏立刻向微软总部递交报告，强烈建议在 MSN 中增加“与陌生人聊天”、离线留言等功能。如果不增加这些功能，MSN 在未来和腾讯 QQ 的竞争中将会失败。

报告讲述了互联网和产品的区别：产品是不断提供新的功能去引导用户，而互联网是不断满足用户的需求。“高举高打”是产品的精英模式，而互联网需要的是“从群众中来到群众中去”的平民草根模式。

唐骏以为能说服微软总部，结果证明他错了。微软总部不同意的理由很简单：第一，全球产品一体化是公司的战略，不可更改；第二，如果要为中国改变，除非能在中国地区保证大量的收费客户。

微软是精英，无论是创始人盖茨还是微软的员工以及微软的产品，无一不展现着一种精英形象和气概，他们用精英模式创造了时代的神话，但互联网时代是平民草根时代，如果坚持用做产品的精英思维方式去从事互联网事业，微软可能还会继续付出代价。

草根是中国互联网最核心的用户，任何一个真正成功的公司，如果没有抓住草根用户，基本上只飘在天上。

反过来讲，这些大公司，其实都是深深地抓住了草根用户的需求，比如百度，什么都能搜到；淘宝，可以让每一个二三线城市卖家都能够活下去；腾讯更是从骨子里就是草根公司。

YY 总裁李学凌说：“很多高富帅是互联网的旁观者，真正的草根人员才是互联网的使用者，这两个心态差别非常大。

草根是真正的中国互联网的样板和中国互联网真实情况的反映。很多高富帅，在互联网上基本从不花钱。最早做高富帅市场的公司，都想获得广告收入，新浪、搜狐、腾讯、网易都这样。而现在真正大规模的公司，都是打通了直接向用户收费的渠道。”

4. 得平民者得天下

什么是平民？平民是相对于高富帅而言的，实际上是指低收入人群。这样的人群，就是我们当今社会的绝大多数，也是创造消费奇迹的最大群体，已经是 B2C 市场中绝对的主角。

从市场定位及目标人群选择来看，成功的互联网产品多抓住了“平民群体”、“草根一族”的需求，这是一个彻头彻尾的长尾市场。

史玉柱等大佬都说自己是平民。互联网知名评论人林军最近写了一篇题为《史玉柱这个高富帅为何主动被平民》的文章，从史玉柱的出道、志向、做的事、政治身份等等方面，论证了史玉柱其实是一个高富帅。

不过史玉柱依然要甘居平民，按照林军的话说是互联网商业圈里最喜欢甘居平民的大佬——原因就在于：“史玉柱发现，平民而不是所谓的高富帅开始成为这个国家最重要最有活力的消费主力，正是这些群体对自己的不离不弃，才让自己在媒体的持续质疑下依然能持续前行。”

没有平民，就不能成就今天的互联网。以红遍千万用户的《征途》为例，该款游戏是知名企业家史玉柱带领团队精心打造的一款大型多人在线游戏，游戏同时最高在线达到过百万人的规模，收入规模也早早过亿。

但实际上，该款游戏真正的付费渗透率其实只有百分之几，绝大多数平民用户一起陪着高富帅南征北战，为付费用户打工，进而建立起虚拟的社会关系，在游戏内以家族、帮派、国家的形式来进行管理，游戏外又成立等级分明的游戏公会来进行管理，而正是这种虚拟的结构，形成了最稳定的虚拟社会关系。

正是靠着中国头号平民的精准定位，史玉柱这些年不仅百毒不侵，反而每次拿着平民说事，为其网游产品代言。

季斌是个连续创业者，捣腾过许多事，赶过互联网浪潮，也玩过 SP，再后来，他还成为玛萨玛索的创始股东兼 CTO。现在，他还多了另一个不为人熟知的身份—— 当红 App“百思不得姐”与“不得姐的秘密”的老板。概括起自己的创业经历，季斌只有一句话：“得平民者，得天下。”

季斌说，中国互联网最赚钱的业务，都靠平民。游戏、社交、搜索都是赚平民的钱，是平民成就了巨人、腾讯、百度、网易，也是平民成就了 YY 和 9158。

刚开始创业时，季斌和合伙人每天都在想，怎么赚钱。每天看着深圳、广州的打工仔人群，他们意识到，像深圳、广州这种外来人多的地方，除了找工作，大家的交友需求一定很强烈。

于是，他们给又开发了手机交友的 SP 服务——跟 QQ 会员一样，每个人包月 6 块钱。业务开发流程梳理完后，季斌给之前找工作与订阅报纸的用户发了短信广告，结果是，他们的设想是对的。

100个用户中，大约有10个人会订阅这项服务，并且，他们在业务开展的当天收入便超过了之前的一个月。

靠手机交友的平民业务，三个月后，季斌的公司变成了100万会员，月收入600万。那时候，也有不少VC找过来，不过估值与业务发展却成为一个很大的问题。

那时候，这个月600万收入，和VC谈，按照6000万估值，不少VC说再想想，不过一个月后，它们的用户又变成了300万，月收入1800万，估值应该是1.8亿，于是VC又说，再想想。

这样反反复复几次之后，VC和季斌也都乏味了，再后来，季斌与腾讯、网易、新浪都谈过，最终在2004年初以1.3亿美金，卖给了新浪。

2006年，季斌从新浪出来创业，他和新浪副总裁王彬一起创办了一家订餐网站，试水电子商务。这一次创业，可以称作平民逆袭后的华丽转身，不过，季斌回头看来，电商创业，其实是看似光鲜。两年的痛苦折磨后，这个项目以失败而告终。

回顾起数次创业的经历，季斌最大的感受是：中国互联网“得平民者，得天下”。季斌说“得平民者，得天下”是中国互联网创业的不二法则，腾讯、阿里、百度、360、盛大文学等，概莫如是。也正是因为如此，2012年移动互联兴起之后，职业创业者季斌，再次创业，这样便有了“百思不得姐”与“不得姐的秘密”两个当红App。

“百思不得姐”与“不得姐的秘密”两款App爆红的原因，还在于内容讨平民的喜欢。大俗即大雅，无论时尚杂志如何光鲜华贵，国内最畅销的杂志依旧是《知音》《故事会》与《人之初》。

季斌创业既经历了成功，也经历了失败。成功是因为他抓住了平民用户，失败是因为他高大上。无论是季斌这样的创业者，还是大的互联网公司，要想成功都要瞄准平民用户。

2013 年 6 月份开始，余额宝在短时间内聚集了数百亿的资金，成为境内最大的货币基金，也是持有人最多的货币基金，支付宝人士曾经毫不讳言称之为平民的理财工具。

成千上万的平民汇聚成了千亿货币基金，然后货币基金用这笔钱去和银行谈协议存款，去市场上逆回购，购买短期融资券等等，获取比一般人存银行更高的利息。

平民群体，喜欢什么、需要什么，只要你在中国做互联网，就必须重点关注。平民人群喜欢的等于“人民群众喜闻乐见的”。在中国，只有深入最广大的平民群体，才可能做得出伟大的企业。

QQ、百度、淘宝、微信、YY、小米，无一不是携平民以成霸业。

5. 得年轻者得天下

为什么 QQ、视频网站、SNS 交友社区、高校 BBS 等成了年轻人每天必上的网站，而一些老牌网站却不受青睐？

为什么百事可乐、可口可乐几十年依然受年轻人热爱，而很多国内的竞品却无人问津？

我们不在今天培养用户，明天就要花更大的代价去抢用户；我们不在今天打品牌战，明天就要去打价格战。未来是属于年轻人的，他们将引导未来的主流。正所谓“得校园者得未来，得年轻者得天下”。

2013年，马云辞任阿里巴巴CEO，马云说：“我很佩服现在的年轻人，互联网是年轻人的天下，我们有责任给他们提供更多、更大的舞台。我不是为了享受现在的生活，而是因为这些年轻人比我们更聪明，如果他们能挑起这副担子，我们为什么还要做？”

无独有偶，自2013年4月19日起史玉柱也卸任巨人网络CEO，“我不觉得累，但是年龄到了。”史玉柱称，自己决定退休的想法并未同好友马云提过，但马云将退休的想法告诉自己时，他受到了触动。

马云当时告诉史玉柱，互联网是年轻人的时代，到了一定年龄后必须将位置让出来，否则对公司发展不利。后者在宣布退休后说，联想到自己的年龄决定了思维模式已经固定，因此继续担任CEO的职务会影响巨人网络的发展。

回忆自己在巨人的工作经历时，史玉柱认为自己主政期间巨人业绩上窜下跳，而自己退居二线之后，公司业绩连续12个季度上涨，这都说明年轻人比自己更能干，而自己对互联网的理解已经输给了公司的年轻管理层。

“我年龄大了还主观，总是以为自己对，但其实是错的。比如当时有玩家说我们的游戏黑，我说那就取消收费好了，可结果是取消收费后伤害了很多人民币玩家，导致他们流失很大。

现在管理层对玩家和互联网的理解更深刻，他们会权衡人民币玩家和非人民币玩家的尺度，采用更合理的方式解决问题，而不像我，经常感情用事。”史玉柱如是说。

史玉柱回忆，自己在《征途2》项目上曾与制作人纪学锋有过争执，但后来发现自己要团队修改的东西都不对，而这款游戏后来按照团队的想法取得了成功，因此，自己反思后已不再像之前那么主观。在巨人网络发布的《仙侠世界》游戏中，他除了沟通产品的基本原则外，其他问题概不过问。

QQ总裁马化腾有这样一段话：

我现在也开窍了，看到团队有什么想法，我先是鼓励，没准儿他们抓住了未来的一个机会。因为现在很多新奇的玩意儿，大家觉得我年轻，但我觉得自己很老了，有些产品都看不懂了。

美国的Instagram，我投了点股票，说起来很后悔，因为当时这个公司还不到一美金的时候没投，公司只有几个人，当时副总裁看着说，这个公司不太靠谱吧，在靠近海边的一个玻璃房子，外面都看得见，扔个砖头就可以把电脑全拿走了，创始人也好像挺高傲。但后来他的数据增长得不错，我们是在他8亿美金估值的时候进入的。

平台火在什么地方？12岁到18岁的女性用户很喜欢，它的服务类似微信，但是不能发消息，全部是拍照片，只能按着才能看，你一截图，对方就会知道你在截图。这个软件会打感知截图的卖点。我们当时几个人试着玩一玩，觉得好无聊啊。

后来投资调查指出，用户觉得这个应用没有压力，就是消费照片，拍好玩的照片，跟大家打招呼，表示我的存在感，最后幸好是Facebook把它收购了，要不然对它有很大挑战。在中国这个需求其实是被微信的朋友圈取代了，需求还很强烈，发图就可以Follow，有公开的，也有可以私密的。

有时候，创新层出不穷，各行业都搞不清楚到底哪一个会冒出来。我越来越看不懂年轻人的喜好，这是最大的担忧。虽然我们干这行，却不理解以后互联网主流用户的使用习惯是什么。包括微信，没有人能够保证一个东西是永久不变的，因为人性就是要更新，即使你什么错都没有，就错在太老了，一定要换。怎么样顺应潮流？是不是没事把自己品牌刷新一次。现在有时候要问小孩，测试一下，你们会喜欢吗，你们的小伙伴喜欢吗，比我们看得还准。

社交网站 Facebook 在成立之初，是由一群高校学生推动起来的，他们失去了被十几岁高中生占领的 MySpace，Facebook 成为一个有吸引力的可以让他们与同龄人交流的专属领地。

在 Facebook 诞生初期，用户觉得通过网上发布信息很酷，他们不用掌握任何编程技巧，也无需像 MySpace 那样自己订制模板，就可以将喜欢什么电影、正在做什么事、在与谁交往等信息告诉全世界，让人感觉非常有趣。

然而，当用户在 Facebook 上添加最近拍摄的照片、最新工作状态等生活细节时，其好友却不得不接受一些他们并不需要的信息，因此此前觉得 Facebook 很酷的用户也慢慢开始改变看法了。更糟糕的是，维护 Facebook 个人账号似乎成了一项枯燥的任务，令人感到无聊。

15 岁的 Facebook 用户尼亚·博伊斯（Neah Bois）说："我感觉 Facebook 越来越无趣，我并不关心朋友们最近的生活细节。在我看来，人们上传大量的生活照片和其他内容是非常愚蠢的。现在，我仍然通过 Facebook 与家人和朋友联系，但每周只登陆一次。”

经常关注统一的畅销书作家劳拉·波特伍德·斯泰瑟（Laura Portwood-Stacer）指出：“对孩子们来说，他们并不是有意去寻找‘下一个流行的产品’，而是感觉 Facebook 不再能吸引他们的兴趣。和企业管理者不一样，孩子们并不会思考太多，他们只是单纯喜欢很酷的东西。”

年轻人的选择决定了未来流行的趋势，但最新报道却表明 Facebook 正失去对年轻人的吸引力。年轻人的选择发生改变，Facebook 必须引起警惕，只有这样才能避免被下一代用户边缘化。

第七章 跨界思维

当互联网跨界到商业地产，就有了淘宝、天猫；当互联网跨界到炒货店，就有了“三只松鼠”……由于跨界思维，未来真正会消失的是互联网企业，因为所有的企业都是互联网企业了。

1. 跨界融合创造的成功机遇

大品牌的跨界产品总能令忠实粉丝趋之若鹜。到范思哲去喝杯咖啡，去 Prada 的酒吧饮杯酒，约朋友在香奈儿的餐厅吃饭，乘坐阿玛尼的游艇，开 LV 的轿车……随着更多大品牌的业务延伸，这样的事情已经不再是异想天开。

Zippo 男装：防风火机巨头跨界服装领域 Zippo 中国首家服饰旗舰店 2012 年 10 月初在青岛万达广场开业，这也是 Zippo 在全球开设的第一家服饰精品店，即 Zippo 选择了中国作为其试水服装业务的首站。

“欧美消费者对 Zippo 的印象已有点固化，通常觉得 Zippo 就是打火机，而根据“环球企业家”杂志专家组的调研，中国消费者对新生事物接受度较高，对 Zippo 的印象也没那么死板。”

Zippo 创始人的孙子，现公司所有者兼董事会主席乔治 · 杜克（George B. Duke）对记者解释说，由于 Zippo 直至 1995 年才进入中国，让中国的消费者接受 Zippo 的男士服装、香水、暖手炉等产品，要更容易一些。

Zippo 的计划同样让人吃惊，他们希望到 2013 年底在中国开设 15 家这样的 Zippo 服饰店，2015 年底共开设 50 家，而 2017 年这个数字将会达到 80 家。

同样在进行跨界尝试的还有诸多奢侈品牌，扎堆进入酒店、餐厅、咖啡厅等大众消费品行业。古驰（Gucci）在意大利佛罗伦萨和日本东京开了两家咖啡店。香奈儿也把Beige餐厅开在日本银座。爱马仕（Hermes）在韩国首尔拥有一家咖啡店，从建筑格调到一张纸巾都保持与品牌一致的设计感。Prada则于2008年底，在伦敦Angel地铁站旁刚开业了一家名为Double Club的酒吧。

这是“不务正业”还是未雨绸缪？品牌是否可以无边界地延伸和跨界？

要论跨界做得最知名和值得称道的，或许是以生产工程机械和矿山设备而闻名的卡特·彼勒（Caterpilliar）旗下的工装皮靴及服装。

在20世纪90年代初，面对工人们提出的在工作环境中，油污和粉尘无法避免，希望公司能配备一些不容易脏和损坏的工服和鞋子的问题，卡特·彼勒的高管们抱着试试看的态度，生产了一批耐磨、防水能力更好且安全舒适的工装鞋和服装。

意想不到的是，这些工装鞋和衣服一经推出，便备受工人群体乃至其他消费者的欢迎，几乎每一个美国工人都以拥有一双卡特·彼勒的鞋子作为他们的职业象征。

在美国流行的关于卡特·彼勒工装鞋的故事，这样说：“加拿大的一位穿着卡特·彼勒铁头鞋的铁路工人在施工时不幸被脱节的列车碾过脚面，能承受2500磅压力的钢头破碎了，但是脚却毫发无伤。”

卡特·彼勒为此专门成立了单独的部门负责此项业务。1994年，卡特·彼勒正式和世界最大的制鞋企业狐狼（WOLVERINE）签署了5年授权协议，开始了狐狼4000万美元营销项目，首批28款鞋于1994年春上市，到1995年底，卡特·彼勒鞋的全球销量由

1994年底的190万双上升到320万双（批发价值为1.44亿美元）。

2004年，小布什参加美国总统大选的时候，也专门穿了一双卡特·彼勒的经典工装鞋，其目的是为了争取明苏尼达洲矿产工人们的选票。

除鞋子之外，卡特·彼勒还拥有服装、玩具、游戏、图书、模型、视频等多个产品线，并统称为Gifts（礼物），时至今日，其鞋帽和服装生意已经实现了每年约10亿美元的销售收入。

随着市场竞争的日益加剧，行业间的相互渗透和融合，已经很难对一个企业或者一个品牌清楚地界定它的“属性”，跨界现在已经成为最潮流的字眼。

这是一个跨界的时代，每一个行业都在整合，都在交叉，都在相互渗透。

2002年末，史玉柱开始玩陈天桥的盛大公司开发的在线游戏《传奇》，并很快上了瘾。那时，他每天要花四五个小时泡在《传奇》里。在游戏里，史玉柱是个沉湎其中的玩家，但他从来没有失去作为一个商人的嗅觉和敏锐。他意识到：“这里流淌着牛奶和蜂蜜！”

2003年，史玉柱将脑白金和黄金搭档的知识产权及其营销网络75%的股权，卖给了段永基旗下的香港上市公司四通电子，转身投向互联网。

2004年11月18日，上海征途网络科技有限公司正式成立，史玉柱始终认为，网络游戏的成功靠的就是两个条件：钱和人。

史玉柱不缺钱，多年保健品业务的积累和投资收益给史玉柱带来了巨大的资金积累，而恰好上海盛大的一个团队准备离开盛大并希望找一个合适的投资伙伴，他们为史玉柱送来了人。

史玉柱一开始就把游戏的玩家定位为两类人：一类是有钱人，他们有钱到为了一件在江湖上有面子的装备根本不在意价格是几千元还是几万元；另一类人没钱但有时间，一听说不用买卡就能打游戏，没有理由不往《征途》里钻。他首开了网游免费模式的先河。

2005 年 11 月 15 日，《征途》正式开启内测。史玉柱如法炮制了保健品的推广方式，其推广团队是行业内最大的，全国有 2000 人，目标是铺遍 1800 个市、县、乡镇。

在线人数一路飙升，到 2007 年时已经成为全球第 3 款同时在线人数超过 100 万的中文网络游戏，月销售收入已经突破 1.6 亿元。之后，巨人网络又陆续推出《征途 2》《巫师之怒》等网游，获得了不菲的利润。

当时认为搞保健品的弄游戏纯粹是乱来，多少资深游戏人都给史玉柱的游戏下了一定不行的结论。结果呢？

虽然今天我们说巨人似乎后续的产品也不见得多好，但是游戏行业公认的一点是，《征途》颠覆了游戏的传统商业模式，这个模式已经被人称为中国模式。而后续中国的页游、手游，都延续了这一模式，从按时间付费转为免费游戏，道具付费。

跨界竞争者，不受行业思维局限，敢于求变，一动手就颠覆你的商业模式，往往出其不意。

2. 怡宝李凯：互联网＋思维人文营销

与趣味营销相比，市场占有率接近 18% 的怡宝选择用人文做切入口。

这个夏天，怡宝以全新的品牌主张“心纯净，行至美”正式上线；把传统文化中最具代表性的水哲学，以老子、王阳明等古代大家传世名句，登上纯净水的包装；再结合到公益活动中，成为了夏季营销的主题。

在过去三十年里，怡宝在中国华南地区属于瓶装水的第一品牌，包括在广东省市场占有率将近50%，在湖南、四川包括广西市场占有率都是第一位。

一句“你我的怡宝”广告口号更是人人皆悉。怡宝在今年，其三十年之际推出了全新的品牌理念：“心纯净，行至美”。原因在于随着怡宝的全国化布局，此前的广告口号已变得空洞不实，甚至于让消费者摸不着头脑。

怡宝市场营销部总监李凯认为，当下社会消费者的内心早已倦怠不堪，品牌若是能抓住时机，推出一个治愈系卖点，或者说为消费带来正能量，才是合时宜的营销策略。

最新数据显示，怡宝到2013年6月份市场占有率已经接近18%，全国的布局工作已经完成，现在工作的重头戏是能够逐步提升销量，提高品牌美誉度。

眼球经济时代，抓住消费者的眼球是很多品牌奉行的上上策。如何在消费者看到产品的一瞬间爱上它，都成为品牌们努力的方向。

2013年夏天，在全球引发可口可乐热潮的“昵称瓶”登陆中国，这个创意席卷各大社交平台。2014年的“歌词瓶”，再度点燃消费者激情。

怡宝也在瓶身上作文章，他们把道家思想中最具代表性的水哲学，以老子、王阳明等古代大家传世名句的姿态，登上纯净水的包装，并希望这些诗句更多的与怡宝的全新品牌“心纯净，行至美”相呼应.

在瓶身上玩花样更多要与品牌和产品特性相结合。因为对于水来说消费者是所有人群，不仅仅局限于年轻人，相信中国传统文化对中国年轻人影响是深远的，并不是一朝一夕的，我们希望通过我们这样的活动能够通过挖掘中国的传统文化和借助互联网，让消费者更进一步对传统文化产生兴趣。

当消费者对“真心无始，自性清净”“上善若水，厚德载物”等中国古典哲学感到好奇时，可以扫码进入“纯心运动”，与品牌更深入地对话。

扫完瓶身码，跳转到的可以是官方微信，可以是互动 H5 页面，或是其他平台。没有与热门影视、视频网站、网络游戏等娱乐化平台进行连接，怡宝另辟蹊径，在源头起与传统平面媒体进行深度合作，运用跨屏手段，将传统与新媒体无缝对接。怡宝将品牌传播当成自媒体来经营，以原创内容为核心，连接全媒介平台。

如何制造原创内容？怡宝方式是：联手一众意见领袖（汪涵、白岩松、陈一冰、杨锦麟、石述思、蒋方舟等），结合各种时事热点和社会现象，以名人鲜为人知的故事，打造内容，扣住“心纯净，行至美”的主题。

比如汪涵就以首次公开回应《我是歌手》孙楠退赛作为切入点，从多角度立体剖析自己，用他的故事来阐述他所理解的“心纯净，行至美”。怡宝光凭这篇名为《有一种李健叫汪涵》的文章，引发了一百多个订阅号相继转载，而汪涵剖析初心的独家采访视频在没有任何硬广的拉动下，点击数在 3 天内破百万。

走心的内容，具有人文关怀的品牌文化传播，同样也能获得有效传播。一切华丽的概念，如果不能抓住关键点行动起来，也就只是一堆泡沫而已。

如何把“心纯净，行至美”的品牌理念从口号进行落地？怡宝跨界联手汪涵和蒋方舟等社会名人从广州开始，在多个城市举办了“晒三分钟，捐一瓶水”公益活动。

活动有两个入口，一个是微博入口：消费者用“# 美的人”已经在晒了“# 为话题”，附上创意照片并“@ 怡宝”，怡宝将会向需水地区捐出一瓶水。据李凯透露，该话题在不到五天的时间，就有超过 1.3 亿的阅读量，逾十万网民参与讨论。

至于微信的入口：通过 H5 页面参与活动，在阳光下晒着走 3 分钟，在地图上形成轨迹，即可为有需要的人筹集 1 瓶水。

“晒三分钟，捐一瓶水”活动源于去年的冰桶挑战活动。与后者相比，“晒三分钟，捐一瓶水”更希望借助互联网平台与公益组织进行合作，能够让消费者有亲身体验，然后把这种体验通过社交网络分享给身边的朋友。

对于怡宝这样的传统企业来说，互联网更多地应用在市场营销和品牌推广方面，销售方面仍然以传统模式和传统渠道为主。

纯净水即饮产品，铺货渠道更广、让消费者更方便的买到，是重点工作。李凯认为，数字化营销更多地是借助互联网跟消费者进行品牌理念的沟通。“互联网是为我们创造一个平台，而这个平台是沟通品牌跟消费者的一个纽带，能够通过互联网更进一步理解这个品牌的理念或者品牌主张。”

3. 互联网 + 时代

马云说：“银行不改变，那就改变银行。”2013 年 6 月 17 日，阿里巴巴旗下支付宝与天弘基金合作正式上线余额宝。

截至 2014 年 3 月，其规模超过 5000 亿元，支付宝与基金公司的合作模式为支付宝用户将钱转入余额宝，即相当于申购了天弘增利宝基金，并享受货币基金收益。

用户将资金从余额宝转出或使用余额宝进行购物支付，则相当于赎回增利宝基金份额。此外，余额宝内资金还能随时用于网购消费、充话费、转账等功能。

“我也用余额宝啊，我周围的同事都用。”谈起“余额宝”，在中国银行总行工作的张先生说。

“年轻人手头没什么钱，又想做理财。相比于银行动辄几万元的下限，互联网金融可以说是零门槛。而且存取方便，收益率还比银行理财高。所以，虽然我是银行员工，我也要挺互联网产品。”张先生说。

“说实话，在互联网产品出现之前，四大行格局基本稳定。竞争不足，所以服务态度也不是很好。但是，余额宝这样的产品出来以后，大家开始有危机感了，开始意识到，如果不适应市场，份额可能就会被逐渐蚕食。这倒逼着我们加强创新、提高服务质量。像我们银行，就新成立了网络银行部门。四大行也都推出了类似余额宝的产品，这就是改变。”

三巨头中的腾讯也于2013年8月初“下手”，腾讯旗下的微信平台、财付通联手华夏基金，推出了对接华夏现金增利货币基金的“活期通”。同时，财付通开始绑定微信平台，以期在互联网金融领域抢占一席之地。

除了传统的互联网公司纷纷染指金融，市场上还涌现出很多互联网金融创业公司。目前，包括京东金融、百度小贷、拉卡拉、融360、中关村互联网金融行业协会等近百家互联网金融机构，纷纷在网络借贷平台、第三方支付、金融电商、众筹融资、商业保理等互联网金融的细分领域掘金。

2013年，互联网界最热门的关键词是什么？不是“上市”，而是“跨界”。互联网跨界硬件，在此之前全球范围内除了谷歌之外还无二家。此前一向低调神秘的乐视网创始人贾跃亭，这次也一反常态地站在第一线为乐视呐喊助威，引得赞赏与争议并起。

几年前，很多人对乐视网还并不熟悉，但《甄嬛传》热播之后，这个获得《甄嬛传》网络独播权的网站也开始蹿红；现在，当你要买一台电视时，是否会心中嘀咕——要不要买一台乐视电视。

就在2012年9月19日乐视网董事长贾跃亭，身穿黑色T恤和牛仔裤，第一次站到前台。他宣布：“乐视将进军智能电视，研发生产‘乐视TV超级电视’，并在未来1～2年中，投入5亿～15亿元巨资。”

尽管玩跨界又炫又时髦，这次宣讲还是被认为是说大话，忽悠。

而在 2013 年 5 月 7 日，贾跃亭再次站到前台，依然是黑色 T 恤、牛仔裤。这一次，他带来了产品——两款货真价实的电视：一台 60 英寸，售价 6999 元；一台 40 英寸，售价 1999 元。这一售价远低于市场同类产品。

“跨界创新一直是乐视的一个重要发展策略，这其中包括硬件创新，技术创新，体验创新，营销模式创新以及盈利模式创新。过去十年乐视的发展，就是基于用户不断地进行跨界创新，这也是乐视生态布局的重要思想。”贾跃亭如是说。

互联网跨界者以前所未有的迅猛速度，从互联网领域进入另一个领域，企业的门缝正在裂开，行业边界正在被打开，谁知道下一个被跨界者攻下的城池是哪一个？所以，传统企业家已经有所悟。

2013 年，这一年互联网从金融到教育，从医疗到穿戴，“遇土而入，遇水而化”所向披靡，一一突破传统产业壁垒森严的边界。从产品形态、销售渠道、服务方式、盈利模式等多个方面打破原有的业态，几乎所有的传统行业、传统应用与服务都在借助互联网实现跨界融合，互联网与传统行业进入“核聚变时代”。

1. 互联网 + 金融

2013 年互联网点燃了金融业的熊熊烈火，P2P、第三方支付、大数据金融、互联网金融门户、众筹，一波接着一波……普通大众携着千百万的“零钱”席卷而来，百度百发 4 小时内销售额突破 10 亿，余额宝规模逼近 2000 亿。

让传统金融机构不安的是，在卷走银行储户的存款之后，移动互联网金融的手已悄悄伸向传统金融业务的核心。

2014 年互联网基金理财将持续火爆，最大的金融机构银行仅仅服务了 2% 的中小微企业，你可以想见未来面向小微贷款的互联网金融的想象空间有多大。激流之下也有沉沙，在 P2P 等细分领域，不合规和风控差的企业也将逐渐被淘汰。

2．互联网 + 电视

2013 年，一种叫盒子的东西让曾经势不两立的互联网和电视开始握手言和，让大家放下笔记本电脑重新坐回电视前。这种盒子利用宽带有线电视网，集互联网、多媒体、通讯等多种技术于一体，突破互联网与电视之间的藩篱，不仅将互联网内容搬到更大的屏幕之上，还可以实现互动。

最早大力掘金该领域的是雷军的小米，在小米推出盒子后，5 万台乐视盒子在 58 分钟内被一抢而空，爱奇艺联合创维，阿里巴巴联手华数传媒也相继推出各自的盒子产品。

数据显示，2013 年全国有线电视机顶盒用户突破了 2.6 亿，增长幅度超过 20%。开局之战，小米、乐视暂时领先。2013，价格战已经打到谷底，2014，互联网电视的热潮还可以更火爆，但靠的将是技术的突破和服务的升级。

3．互联网 + 教育

2013 年，BAT 三巨头中的两家百度与淘宝几乎同时发布了各自的在线教育产品—— 百度教育和淘宝同学。慧科教育推出在线教育平台开课吧，成为互联网教育的黑马。

在电商、社交网络、移动互联逐渐成为竞争红海后，在线教育市场被当作互联网产业最后一片蓝海。有研究预计，到 2015 年在线教育市场规模有望达到 1745 亿元。

虽然俞敏洪判断：在线教育平台和工具创业项目 99% 都会死掉。但是，再狠的“危言”也阻止不了创业者们的求胜之心，他们可能更在意他后半句话——剩下的 1%，会变成特别有活力的教育公司——经历过春秋战国群雄争霸的时代，剩下的将一统天下。

4．互联网 + 医疗

2013 年，移动医疗异军突起，移动互联网与医疗这一长青行业展开对接，远程患者监测，视频会诊，在线咨询，个人医疗护理，无线访问电子病例和处方，足不出户即可看病就医。

移动和医疗终端 OEM 厂商、应用软件开发商、系统方案商、ODM 厂商、芯片和模块 OEM 厂商、网络设备提供商，这场对接将给其上下游带来难以估量的商业机会。俗话说“与人方便就是与己方便”，何况是与最舍得花钱的病人方便。

未来十年，将是中国商业领域大规模打劫的时代，所有大企业的粮仓都可能遭遇打劫！一旦人民的生活方式发生根本性的变化，来不及变革的企业，必定遭遇前所未有的劫数！

跨界的，从来不是专业的，创新者以前所未有的迅猛，从一个领域进入另一个领域。门缝正在裂开，边界正在打开，传统的广告业、运输业、零售业、酒店业、服务业、医疗卫生等，都可能被逐一击破。

教育、医疗、旅游、家电、汽车、建筑等行业无一例外都将或早或晚或大或小受到互联网的影响，O2O、LBS 等新商业模式也将纷纷出现。

同时，移动互联网和物联网等新兴技术的出现使得传统产业与信息技术的融合范围和深度进一步扩大，融合进程将加速推进。

进入互联网时代的发展新阶段，围绕用户需求和商业利益的最大化，不同领域之间企业跨界将成为一种常态。这是因为，互联网企业的开放平台，与传统实业的产业链制造、物流、服务能力进行对接后，可以释放出更多的商业空间。

4. 战略并购比自己做得更快

2013 年 3 月 10 日，腾讯控股终于在港交所发布公告，其以 2.14 亿美元加上 QQ 网购、C2C 拍拍网及少量易迅股权获得了京东 IPO 前的 15% 股份。双方还另外达成关于未来的承诺：京东首次公开招股时，腾讯将以招股价认购京东额外的 5% 股份，京东有权利收购易迅剩余股份。

京东合并易迅等腾讯电商业务后，在国内电商平台仍然居于第二位。2012 年 8 月，宏源证券按照“平台价值 +PS”的估值体系，对苏宁易购的估值为 170 ~ 210 亿元。

中国电子商务研究中心最新发布的《2013 年中国网络零售市场十强榜单》显示，苏宁易购以 4.9% 的份额排名中国 B2C 网购市场第三，腾讯电商则以 3.1% 紧随其后。天猫以 50.1% 占据最大份额，京东以 22.4% 排名第二。

本次入股后，腾讯把 B2C 平台 QQ 网购和 C2C 平台拍拍网并入京东，同时京东还获得易迅网少数股权和购买易迅网剩余股权的权利，腾讯总裁刘炽平进入京东董事会。

京东目前包括8大股东，现在算上腾讯，已经是第九家了。此前的八大股东包括Max Smart Ltd（下称“Max Smart”）、老虎基金、HHGL、DST全球基金、今日资本旗下的Best Alliance International Holdings Ltd（下称“Best Alliance”）、Fortune Rising Holdings Ltd（下称“Fortune”）、阿苏德基金和红杉资本。

对于腾讯联姻京东的主要原因，谢文认为有三点：一是腾讯力图在电子商务上有所进展，通过入股京东和阿里进行正面抗衡；二是推广生活服务基础功能的微信支付，京东的电商优势无疑有助于其电商平台的实现；三是资本运作和产业格局。

资本方面，京东需要在上市前讲更多的故事。京东已通过融资业务“京保贝”和贷款服务“京东白条”为其供应链金融业务加码。此外再傍上腾讯这个巨头，帮助提升估值。

在谈到巨头格局时，谢文表示，如果要预测的话腾讯将暂时领先，其次是阿里和百度。因为巨头现在拼的是平台，成为综合服务平台才能全面领先。

从此次和京东合作来看，腾讯的进攻性更强，旨在成为全网络的生活综合服务平台。虽然之前有电商业务QQ商城、拍拍网，包括入股高朋，但是业务很多却没有整合好，缺少单一入口。

“只有一个支付入口，消费者才能全面地享用生活服务，不过腾讯要实现这一目标还有很长的路要走。”谢文如是说。

阿里方面，谢文表示，阿里旨在巩固电商优势，也力图通过圈地成为综合平台。之前是专注于垂直的电商业务，阿里想要成为综合平台，需要实现点到面的扩张，但挑战较大，阿里的技术能力相比较一般，需要补齐在其他领域的弱点。

谢文认为，阿里并没没有发挥好电商优势去实现能量的积聚。比如阿里将金融拆分开来，不包含上市里面，但是“这样的战术会让战略变复杂，整合更加困难，更难成为综合服务平台”。

对于之前甚嚣尘上的阿里入股 LINE 传言，谢文认为：“这个消息不是很有意义，和成为综合网络平台相比没有多少价值，毕竟 LINE 是日本的公司，很难让阿里控股，包括国内相关政策限制，所以这个份量是不够的。”

腾讯控股发布公告宣布，中国领先的自营电子商务公司京东集团（以下简称“京东”）与中国领先的、服务于中国最大网络社区的互联网公司腾讯控股有限公司宣布建立战略合作伙伴关系，旨在向中国互联网和移动互联网用户提供卓越的电子商务服务。

腾讯总裁刘炽平表示：“我们很高兴在此次战略合作中将我们蓬勃发展和快速增长的电商业务与京东的电商业务结合起来，并支持他们进一步成长，向我们共同的用户提供更优质的电子商务服务。我们与京东的战略合作关系将不仅扩大我们在快速增长的实物电商领域的影响力，同时也能够更好地发展我们的各项电子商务服务业务，如支付、公众账号和效果广告平台，为我们平台上的所有电商业务创造一个更繁荣的生态系统。”

腾讯副总裁、腾讯产业共赢基金董事总经理彭志坚说：“其实腾讯一直在做电商，要做这件事情，需要两个方面的积累，一方面是人才；另一方面是业务。从人才讲，投资和收购也是一个很重要的人力资本积累的方式。从业务上讲，阿里系已经规模庞大，C2C

这条路已无法继续走通；而B-C方面京东快速崛起，在品类和口碑上的影响力别人也一时难以超越。作为平台型公司的腾讯，并购京东比自己做要快得多。”

投资京东比自己做得快才是腾讯投资的主因。入股京东对腾讯来说，拥有一个成熟电商平台的股权和董事席位，比自行打造一个全资子平台的成本更低，性价比更高，毕竟京东已是具备成熟品牌的成熟公司。

正如某证券类媒体所说：“腾讯入股京东‘不需要花太多的钱，并且省去了花钱还赚不到吆喝的巨大成本’，而且还能够利用微信这一巨大入口，开辟出移动互联网的电商新通道。”

5. 顺和酒业——跨界异业合作

2012年新一届国家领导人限制“三公消费”的政策一落地，高档白酒的销量便应声下跌。没了公款消费，去哪里寻找销量？

顺和酒行创始人、顺和酒业董事长马龙刚奉行“在白酒行业，资源拯救未来”的信条。只不过，他所说的资源并不是指政府、国企的公款消费资源，甚至也不是商超、烟酒店、餐厅店等传统渠道资源，而是看似和酒行业关系不大的健身会馆、汽车4S店、高尔夫俱乐部等会员制的服务机构。这些正是我的目标消费群体聚集的地方。马龙刚将这些场所视为白酒目标消费群体的“生活圈”。

一次偶然的机会，顺和酒业董事长马龙刚发现可以通过资源交换的方式切入这个生活圈。当时他受朋友邀请到一家健身会馆打球，结识了会馆的老板。

得知这个会馆只向会员开放后，他向这个老板提出一项诱人的建议：“我给你带来100个新会员怎么样？”

最终的结果是，健身会馆给马龙刚100张价值1000元的印上“顺和酒行”的会员卡，并在健身会馆提供场地作为顺和酒行的形象展示柜台；马龙刚则给健身会馆100箱每箱价值1200元的酒水，供他们作为会员礼品或招待使用。

这次的合作让马龙刚尝到了甜头：健身会馆的会员卡可以拿来回馈顺和酒业行会员，馆内的展示柜还能带动一些酒水销售。会馆也得到实惠：100个新会员以及他们转介来的朋友正好也都是会馆的目标人群，而用酒水作为礼品招揽其他新会员的效果也不错。

用类似的方式，马龙刚还植入汽车4S店的车友会活动、房地产公司的客户答谢会、高尔夫俱乐部……在一次次的地面活动中，顺和酒行获得了与目标消费者直接交流沟通的机会，自己的会员数量也随之增长。

如果说生活圈是被其他酒商忽略的资源，“顺和万通卡”则是顺和酒行做的一件其他酒商即使想到，也未必能做的事。

借用顺和酒行母公司其他产业的资源，马龙刚将万通卡在临沂落地的同时挂上“顺和”之名，并打通山东高速ETC支持功能，使“顺和万通卡”成为一张集店面支付、顺和酒行会员及山东高速ETC功能于一身的多功能金融卡。

其实这就是所谓的跨界异业合作，就是通过别人的渠道、别人的资源帮助自己做推广，这是一种非常普遍的推广方式，只要找到渠道共赢的方式和共同的客户群就能有效地完成资源的整合。

2013 年 11 月 6 日，国内首家互联网保险公司——众安保险正式开业。

这家公司从筹备之初就备受关注，不仅是因为国内首家互联网保险公司，更因为其背后的股东光环：小微金融服务集团、腾讯、平安参股为前三大股东，业界戏称为马云、马化腾、马明哲“三马卖保险”。

根据马明哲的说法，“大家同属一个圈子的朋友，在聚会时，我向他们了解互联网，他们向我了解金融，一拍即合。”

更深层次的原因在于资源互补。对于互联网公司来说，如果没有线下资源配合，就不可能顺利拿到互联网保险牌照并顺利展开业务；对于平安而言，则可以更好地利用互联网手段获取用户，加速在互联网金融领域的布局。

宏源证券副所长易欢欢评价，几家股东各自有优势：腾讯拥有海量的用户和社交关系，阿里巴巴拥有电子商务交易额，平安拥有综合产品能力，携程将在旅游保险中占据份额。“众安保险是一个含着金钥匙的小孩。”

马化腾在启动仪式现场也表示，三家公司都有多年的经验，术业有专攻，通过合作，来发挥自己的长处和合作伙伴的优点。

6. 游戏化思维如何改变营销

随着消费者需求更加多样化，观看渠道不再被垄断，甚至观看比赛本身不成为他们最大的乐趣。随之而来的是，营销形态变得更为多元化。企业在世界杯这样一个大型“娱乐事件”的营销上，有了更多的选择和发挥空间。

2016年世界杯上，令人印象深刻的不再是那些大鸣大放的广告，而是真正能让用户参与其中，或者得到意见的表达，或者得到情感的宣泄，或者得到赠予的实惠。

借着世界杯的契机，许多企业也发现自己的“推送式”营销模式正在变得过时，用户愿意接受的是那些有亲切感的“拉入式”营销。

这种移动互联网时代的营销革新与在西方已流行数年的“游戏化思维”中的许多理念不谋而合。许多时候，营销与设计游戏一样，都需要寻找一个有趣的目标或角度吸引用户参与；都需要在过程中设计一些“诱惑式”的元素让用户逐级深入；都需要用户在其中寻找情感共鸣从而产生长期的依赖。

而真正做得好的营销，与真正做得好的游戏一样，都更善于深入体察目标用户的心理动机，从而为他们提供慰藉或满足。

在瑞典的一家公园里，一个蓝色的1.2米高的垃圾桶和其他垃圾桶看起来没有什么区别。但当游客向里扔垃圾时，他们会听到一种奇特的响声：仿佛一个物体从很高的悬崖呼啸着坠落了好几秒，最后“砰”的一声落地。后来的视频显示，许多游客为了感受这种乐趣，竟然会四处找垃圾丢进去。

这个垃圾桶是一群工程师创建的简单系统。他们将运动探测器和扬声器安装在垃圾桶盖子上，这套装置能将1米高的垃圾桶模拟成数百米的深度。这只是生活当中无数用游戏的“乐趣理论”改变人们行为的例子之一。

游戏化可以通过创造乐趣来实现自己许多的现实目标，虽然

“乐趣”是一个很难把握的概念。以一种有计划、有方向的方式获取乐趣的思维我们就把它叫作“游戏化思维”。

市场营销和战略咨询专家王煜全说：“游戏化无外乎是对用户心理和行为需求的理解。怎样设计环节会让消费者高兴，愿意参与进来。”玩家玩游戏是为了达到目的或者获取胜利，而游戏设计者设计游戏的最主要目的是为了吸引玩家去玩。

如果可以把游戏化思维移植到营销中去，无疑会大大增加用户的参与乐趣和黏性。想做到这一点，给用户制造一个心理动机是非常重要的。

营销与销售行为专家孙路弘认为：一般来说，营销当中能够吸引用户关注的关键因素主要有三个：第一、符合用户的心理；第二、传播内容与用户的情况有具体的联系；第三、传播内容能够诱发用户好奇。其中，满足用户心理的要求完全可以通过游戏化来体现。

“游戏能够让大家乐此不疲，其本质是抓住了人类的心理动机。人类的根本动机一般来说有三个：竞争，成就与地位。人们内心深处有与人攀比的心理，这就会导致竞争，而游戏可以满足这种心理。人们内心总想事业成功，或者达成愿望，获得成就感。如果营销的内容能够让用户参与、体验，并达到他们预期的目的，就能够让他们感觉满足。地位是人们用来衡量自己在社会中的处境的一个标志。这通常可以通过积分、升级等一些标志来实现。”

当然，那些把游戏化思维运用得当的企业，往往能将情感概念、乐趣、玩和用户体验关联起来。

关于如何诱导消费者的动机和行为，行为经济学已经做过了许多研究，在营销学中，最近几年也已经深入到了对视觉、听觉、嗅觉、味觉等综合调动的“神经营销”。

对企业的营销设计者来说，通常做法是把这些概念移植到自己的营销目的和行为中去。而在游戏中，这些对人性心理的把握可以说积淀的时间更久，把握得也更为准确。而且，所有游戏在设计时，就要把营销预埋到进程中去，才能获得比较理想的用户参与数量。

传统营销与新时代的互联网营销之间最根本的改变，孙路弘把它概括为“从被动到主动”的改变。“以前用户的选择少，电视上播放广告，用户唯一的选择就是去洗手间。现在，客户可以看手机，可以吐槽，可以用这个时间来搜索刚才比赛或者内容中的兴趣点。读者可以回忆一下，你还记得世界杯赛中的哪个广告？企业应该转变思维，从强制性灌输到智慧型诱导。吸引用户参与，给他们一个双向互动传播的机会，而不是被动地我说你听，给用户一个通路。”

其实，体育本身就是一个巨大的游戏体现。当运动员在赛场上竞技时，观众也希望获得入口、通过思考参与竞技。“调动更多的人参与互动，是这个时代中社交模式最重要的营销思考。营销就是调动大众参与、体验、在过程中高兴、紧张、兴奋、遗憾的。这才是新的手段层出不穷的思想源泉。

新的方法基于这个网络时代的基础性变化，那就是大规模的信息流，点对点的信息流，点对面的信息流，引导信息流推动企业的品牌，簇拥企业的产品，这才是新的方法源源不断的思维模式。”孙路弘说。

据《福布斯》的统计数据，2012 年，每年一届的“超级碗”决赛商业价值已经达到了4.2亿美元。而四年一届的世界杯决赛的商业价值仅为1.4亿美元。而且，超级碗的商业价值仍然在逐年上涨。

不是大家不再热爱足球，而是与超级碗积极运作场内场外热点的商业模式相比，世界杯的持续运作能力稍显不足，也缺乏更多引导观众参与的稳定平台。

从2016世界杯的球迷参与方向和热度也能看出，更多人对比赛八卦外围、社交平台、竞猜参与的关注已经超过了对比赛本身的评价。而为这些球迷提供的出口又不足够丰富。

王煜全说："现在大家的生活节奏越来越快，足球这样90分钟只能进一个或几个球的运动显得不够刺激了。世界杯上的明星也早已不如从前那样闪耀。当比赛本身不够那样赏心悦目，持续性刺激不够时，就可以通过更多的游戏来进行填补。好比赛马，结果一分钟内见分晓，但赌 马背后的运作却随时都在变化，让人想去积极参与。针对世界杯，除了竞猜比分，最佳前锋、最佳后卫，甚至控球时间，都可以设计更多的环节，让用户得到持续不断的介入感和体验。"

保持对用户的持续刺激，在游戏中被称作"生命周期管理"。用户进入游戏，可能先在"新手村"慢慢成长，突破的每一关，都会带给人喜悦感和成就感。

在现实的营销中，这样的做法也被大量应用着。飞机旅客计划的积分卡，星巴克咖啡的用户升级概念。但在体育营销中，这样的做法还应用较少。企业是否可以营造这样一个"场"，把线索拉长来讲一个完整的故事。

游戏之所以能做到层层深入，很重要的原因是量化思维和大数据是游戏的基本思维之一。游戏用户被什么元素吸引，从哪里登录，在哪一关、哪一环节上用户流失了，这一细节都可以马上被分析，然后做出修补和改进。

而现实中，大部分企业还不太清楚用户为什么对自己的营销漠不关心，用户是在哪一个环节上流失的。

王煜全认为，企业应该向游戏化思维学习，多在“实时反馈”上下功夫。“游戏中你在哪里掉了血，获得了什么成就，马上就会有所体现。

生活中，人们对非实时的反馈越来越不敏感，对广告也越来越缺少兴趣，品牌提升其实是一个比较虚的东西。让用户扫描二维码，你可以马上知道用户的关注如何、参与怎样。”

能够真正把营销中的游戏化思维落到实处，不仅是思维的转变，还需要企业的用心运作。孙路弘说：“现在是自媒体时代，每个人都有想说的话。企业应该提供一个平台让用户去表达，让他们去反馈，让他们去评价你的产品，甚至指点你的营销都可以。只要用户参与，就有人气，就是一个场，这才是企业真正该有的思维模式。知识竞答、优胜队竞猜、参与积分、提供排行榜、设计进阶等级都是游戏化的营销手段。甚至包括征文、短信互动、微信分享等都可以吸引大众参与，并一波一波地推动企业的社会化营销进程。用社交模式进行传播，比简单的烧钱投放广告要更加持久、更加有效。当然，做这些事情，需要智慧，比起简单砸钱的，并收取广告代 理返佣要费心多了。”

第八章　事件思维

事件营销指企业通过策划、组织和利用具有新闻价值、社会影响以及名人效应的人物或事件，吸引媒体、社会团体和消费者的兴趣与关注，以求提高企业或产品的知名度、美誉度，树立良好品牌形象，并最终促成产品或服务的销售的手段和方式。

1. 奥运后时代的烽火销烟

2008 年奥运会结束了，奥运营销却没有。那些奥运会新出炉的冠军们，那些总投入达到 8.6 亿美金的奥运会全球赞助商们，那些别出心裁搭上奥运快车的非赞助商们，仍然在不间断向消费者提醒着奥运与商业与企业之间颠扑不破的关系。

这种关系是否得到消费者认可则是另一回事。

奥运会过后，不同的机构对奥运营销的效果有不同的评估，结果不一。但是成功的奥运营销都呈现出以下相似的几个特点。

将品牌精神与奥运精神紧密相连。对于奥运会的赞助商来说，如果仅仅是在广告宣传中表明自己对奥运会的支持，仅仅在名片上印上五环的标志，表明自身的赞助商地位，显然对不起砸进去的巨额赞助款。

奥运会是提升品牌影响力的大好时机，最大化地把握好这个时机，就要将自身的品牌和奥运精神紧紧联系在一起，让消费者对品牌产生正面的积极的印象。

海尔将奥运会视为一个向国内外消费者展示自己品牌的一个舞台。张瑞敏曾表示："我们的目标就是搞全球化品牌。现在奥运会恰恰是给我们提升了，或者升华了这个步骤、这个过程。"

海尔为了将自身的理念与奥运真正地契合起来，在广告传播中突出了体育大家庭的想法，海尔发言人、亚太区总监张铁燕表示，奥运是一个全球盛事，所有的顶尖运动员都要在这个赛事中拼搏、突破，他们同样也要建立一种友谊的关系，就像一个体育大家庭一样。所以，海尔广告传播中突出的是“一个世界，一个家”的理念。

同时，海尔在2008年提出“2008我们是奥运的主人”的口号，这个口号也成为本年度让人印象最深的奥运营销口号之一。

同时在自身的产品上，海尔努力体现与奥运的更高更快更强一脉相承的精神。海尔为奥运会31个场馆提供的6万多台产品，大部分都是绿色产品，比如太阳能空调系统，用二氧化碳作为制冷剂的冰箱产品，还有不用洗衣粉的洗衣机等，体现了海尔不断创新不断突破的精神。

这些努力取得了很好的成果，张铁燕曾表示，海尔品牌的知名度和美誉度都有了一定程度的提升，“奥运给品牌的影响持久性会非常长，它对我们未来的业务会有一个比较好的、正面的、非常积极的促进作用”。

与消费者形成广泛互动。现在的消费者对持续的广告轰炸已经有了免疫力，更何况奥运营销中的轰炸此起彼伏，要在顾客心中留下印象并不容易，真正要赢得他们的心，还需要与他们面对面地接触，让他们真正体验到品牌的魅力所在。

比如联想在奥林区克公园里建立了1200平方米的联想数字体验中心，ThinkPad商务机和IdeaPad消费机两大机型，在这里有集中的展示。

大家在这里可以和祥云火炬拍照，消费者还可以用笔记本完成慢跑游戏，目睹冲击实验、透水实验等过程，感受联想电脑在受冲击以及潮湿环境下的品质，还可以体验人脸识别等各种新奇科技。

可以说，消费者的参与是奥运营销中必不可少的一个环节。另一个需要提醒的是，这一点在奥运之后还应该长期持续下去，不应该随着奥运会的结束而结束。

非赞助商的独辟蹊径。虽然在奥运会顶级赞助商的角逐中败给了阿迪达斯，但是李宁公司在奥运营销中异军突起，赢得了更大的胜利。百度“奥运期间网民关注热点”的一份报告显示，李宁成为这届奥运会期间最受关注的品牌。

李宁公司代表了那些奥运会的非赞助商们，只要巧用心思，同样可以在奥运会中分得一杯羹。在李宁公司的创始人李宁点燃圣火之后的第一个交易日，李宁公司的股票逆市大涨，如果说这一点其他非赞助商难以复制的话，李宁的其他做法却是极具借鉴意义的。

李宁赞助了四支国家梦之队，跳水、乒乓球、体操和射击，这四支队伍拿到了 25 块金牌，占中国金牌总数的近一半。

而且李宁公司赞助的阿根廷、西班牙篮球队，也表现出色，尤其是西班牙与美国篮球队的那场决赛，西班牙球队带给世界目眩神迷的球技的同时，也将李宁的 Logo 带到了全世界消费者的眼前。

记者穿着李宁服装的手笔也值得称道。李宁公司与中央电视台奥运频道达成协议，从 2007 年 1 月 1 日到 2008 年 12 月 31 日，为中央电视台奥运频道所有栏目及赛事节目的主持人和出镜记者，提供李宁品牌的服装、鞋及配件。

虽然根据奥组委的最新规定，李宁公司和奥运频道的某些合作受到了限制，但是在比赛中，我们还是可以看到李宁的品牌不断通过记者和主持人在向观众传递。

李宁公司的首席运营官郭建新在奥运会后表示："我们的全球认知度被大大提高了，奥运会机遇将实现李宁公司的第二次腾飞。"

应对突发事件。奥运赛场上永远有意外。刘翔的受伤退赛让全球观众愕然，更让他所代言的十几个品牌很受伤：有人统计，刘翔退赛，赞助商的损失超过30亿。

虽然有些品牌在赛前就制定了两套方案，无论刘翔是赢还是输，都有相应的营销方案，但是没想到的是，刘翔退赛了。

但是有的品牌在这次意外中的表现让人称道，8月18日中午，刘翔走下赛场，下午，耐克公司就发表了一则官方声明："刘翔是中国最杰出的田径运动员，自2004年雅典奥运会夺金及之后打破世界纪录以来，他一直并将继续为中国和世界各地支持者带来激情。耐克为能与刘翔紧密合作而感到自豪。"

19日，刘翔退赛的第二天，耐克公司就推出了画面为刘翔特写的广告，广告词也让人十分地感动："爱比赛；爱拼上所有的尊严；爱把它再赢回来；爱付出一切；爱荣耀，爱挫折；爱运动，即使它伤了你的心。"

这种快速反应赢得了消费者对品牌的好感。

对于第一次在主场进行奥运营销的中国企业来说，2008的夏天过后，以上这些成功的宝贵经验尤其显得珍贵。

2. 新飞——以奥运之名"选美"

2008年奥运会对于家电品牌也是一个千载难逢的品牌传播机会，但是，海尔集团已经率先抢了头牌，成为了2008年北京奥运会唯一的白色家电赞助商。

于是，众多的家电品牌只能站在奥运之外，来谋划沾奥运之光的策略，新飞电器可以算其中一个典型。

2007 年 4 月 4 日，新飞电器宣布“新飞 2008 助威团”全国选拔赛正式启动，还在同期表示启动“非奥运营销战略”。

据悉，这场耗资数千万元的大型选秀活动将打造出一支由 50 名美女模特组成的“2008 助威团”，采取为比赛加油喝彩的方式来支持奥运，新飞电器表示，此次活动意在体现“重在参与”的奥运精神。

此次活动命名为“非奥运营销”，是试图通过整合体育与时尚资源直接针对奥运观众的营销手段来推广品牌，新飞并表示这将是自己直到 2008 年北京奥运会举办之时的营销策略。

新飞电器表示，新飞的“非奥运营销”选择以声势浩大的美丽助威团加油喝彩的方式来支持奥运，明确提出打造一支“2008 助威团”，即一支将会最为耀眼的特殊“中国之队”。

“新飞 2008 助威团”评选是一次以为 2008 北京奥运会呐喊助威为初衷的大型时尚选秀活动，将在全国 20 个省级赛区、近 300 个地级赛区全面铺开，从报名、海选、地区选拔赛、网络人气 PK、省级选拔赛、人气拉票到总决赛，活动从 2007 年 4 月持续至 2008 年 3 月。

选秀活动无论对于营销界还是公众来说都已经不陌生，而且在中国还有风起云涌之势，从蒙牛赞助超级女生，纽曼赞助梦想中国，江中亮嗓赞助红楼梦中人等，“选秀”活动已经成为了中国企业品牌传播的一个新平台，也开辟了公众娱乐生活新的参与空间。新飞的选秀活动，也正顺应了当前的娱乐文化的潮流。

不过，新飞电器的选秀活动因为和奥运有关，于是在奥运会开幕之前的这段时期，这个活动的话题就会成为媒体关注的热点之一。

据悉，活动自启动以来，全国170家电视、报纸、网络媒体进行了宣传报道，26家媒体对“新飞2008助威团”活动进行了高度评价。

新飞的创新性在于，不能成为奥运会的主流营销阵营，干脆自己创建一个与2008有关的营销平台，基于这个平台来传播品牌，促进与消费者的互动，这一点，值得很多希望打“非奥运营销”的品牌借鉴。

如何创建一个与奥运有关的新的营销传播平台，是非奥运营销的一个基本切入点，这个平台可以是活动，也可以是某个目标消费群体的组织，关键在于是不是能跟奥运扯上一点关系，同时又能吸引公众的眼球。

新飞此举主要是要发动全国关注时尚与体育的人群及新飞品牌的拥护者都来关心和参与奥运，通过面向更广泛的奥运人群来体现对奥运的支持。

“新飞2008助威团”评选，主要的参与对象是众多青春、时尚、美丽的中国女孩，目标是选出美丽的代表新飞形象与中国形象的模特。

优胜出的50名选手将作为新飞形象大使活跃在2008的赛场内外，前三名更有机会参加2008北京奥运会开幕式，第一名还可赢得10万元大奖。选秀将经过一系列严格的考核、激烈的竞争，争夺最后50个进入特殊的新飞“中国之队”的名额。

借助此次活动，新飞希望把年轻化、时尚化的品牌形象随赛事更广泛更深远地传播出去，新飞人认为，运动给人以活力，体育带给人以振奋也带来激情。

新飞的“2008助威团”选拔赛以时尚选秀与美丽演绎的形式出现，用激情和活力对最初的奥林匹克精神的挖掘放大。

新飞还表示，配合此次非奥运营销活动对新飞品牌的推广，新飞将在工业设计上追求更高标准，推出外观更时尚的系列冰箱，以全面提升品牌形象，着力打造国际化白色家电品牌。

其实，“选模特”“选美女”跟运动本身没有什么关系，因为运动员更体现出活力和动态，而美女和模特更倾向于时尚和青春。

不过，由于本次评选出来的美女模特是“2008助威团”的队伍，所以公众一方面会自然对于奥运助威的美女选秀产生兴趣，另外一方面也会对于美女模特去当助威团的景象和能够起到的作用充满期待，于是，人们自然就会因此关注新飞品牌。

从这个角度来看，新飞品牌的知名度的拓展应该可以达到，但是如何自然地传递深层次的与奥运有关的元素，在选秀活动中加入奥运的元素，让时尚与奥运结合得更加紧密，或许是新飞在活动中面临的问题，因为2008奥运会的助威团不能仅仅是美女，还应该代表奥运精神，同时也代表中国形象。

因此，奥运会助威团的对象应该是对于体育运动和奥运有深刻了解，同时对于奥运会的礼仪规则也有了解的美女模特，这样的选秀才能和其他的美女模特选秀区分开来，体现出新飞赞助这次活动的独特的社会价值，对于其他希望开展类似活动的非奥运营销企业来说，这个问题同样需要引起重视。

另外，由于海尔已经是白色家电的唯一赞助商，对于“2008”这样的称号的使用是不是会伤害赞助商利益也需要考虑，蒙牛在非奥运营销中曾因打“擦边球”过界被奥组委制止。

奥组委表示“08”“北京”字样都不能出现在非奥运合作企业的宣传中，如果出现这样的情况，新飞的选秀活动就会黯然失色。

不过新飞的相关负责人强调，“新飞 2008 助威团”是中国文体明星奥运宣传助威团的系列活动之一，也就是说，新飞的这个“擦边球”不会涉及法律问题。那留给新飞的问题，就是如何能够时尚选秀活动真正的和新飞的品牌价值提升结合起来。

选秀节目重要价值在于群体效应，虽然参与群体只有一个，但是那些外围的群体都会因为主要的参与群体而被带动起来，比赛选手的家人、亲友团等等都是选秀会发动的群体。

“新飞 2008 助威团”虽然选的只是年轻的模特、美女，但是所有的年龄的群体的热情都会被调动起来，因为人们希望不同层次地参与，有的群体是抱着观赏比赛的角度，有的群体是关心选手的角度，有的群体则是从看别人实现自己年少时候曾经的梦想的角度……

可以说，从选秀的定位的角度，新飞电器作为一个全国性的大众化的品牌，无疑将品牌与主要的目标消费群体实现了良好的契合点。

不过，值得思考的是，在选秀活动举办的过程中，如何让不同的群体参与进来，是需要考虑的细节，例如超级女声在举办过程中，从一些过程中的场景以及新闻点的炒作，都进行了精心的策划。

这样能够将选秀活动掀起一波又一波高潮，才能将更多年龄群体吸引进来，达到更加广泛的品牌传播效果。

一个好的营销平台，一定要能够调动起大众传媒、合作伙伴的参与，这样才能够延伸营销平台的产业价值链。

新飞电器“新飞2008助威团”的“美女奥运”应该说匠心独运，也是很巧妙的非奥运营销策略。

3. 向蒙牛学习事件营销

“超级女声”的收视率直逼央视一套，总决赛时15秒的贴片广告，报价居然比央视还高。赞助“超级女声”的蒙牛酸酸乳，其销售额也由2004年6月的7亿上升到2005年8月的25亿，同比增长2.7倍，20%的销售终端甚至出现供不应求的现象。

而赞助费用、电视广告、网络宣传、户外广告、促销推广费等等，所有费用全部包括在内，大约都只占销售额的6%。蒙牛的这一事件营销无疑又是非常成功的。

从“打造中国乳都”到赞助春节晚会，从神州五号上天到超级女声，事件营销似乎成了蒙牛起家和发展的杀手锏。

正如蒙牛老总牛根生所说，一次成功可能谓之偶然，但一次又一次的成功就绝非是偶然了，其成功背后必有必然的因素。蒙牛如何玩转事件营销，其成功背后的必然因素是什么？

所谓事件营销（Event Marketing），是指企业通过策划、组织和利用具有名人效应、新闻价值以及社会影响的人物或事件，吸引媒体、社会团体和消费者的兴趣与关注，以求提高企业或产品的知名度、美誉度，树立良好品牌形象，并最终促成产品或服务的销售的手段和方式。利用人们对事件本身的关注，企业至少可以从中获得非常高的知名度。

和硬广告不同，事件营销的本质是公关，如果运用得当，企业可以花较少的钱取得更好的宣传效果，这也是蒙牛尤其青睐事件营销的原因。蒙牛事件营销的成功，有几个关键之处。

首先，在事件的选择上，蒙牛仅仅抓住"公益""公众"这两个关键词。蒙牛所选择的事件都是正面事件，是国家政治经济生活中的大事。

就"超级女声"来说，尽管公益概念不足，但其在公众方面的影响足够大，与公众的贴近性特别强。蒙牛酸酸乳的目标消费人群年龄介于 15 ~ 25 岁之间，而"超级女声"的主要参与人群也是在这个年龄段，二者在目标受众上是非常吻合的。

超女季军——个性、自我的代言人张函韵，加上"酸酸甜甜就是我啊"的品牌诉求，对产品的销售会产生非常直接的拉动。

其次，在策略的执行和后期的跟进上，蒙牛有科学的机制和流程。在蒙牛现行的机制下，任何一个项目，起初的论证都很严谨，甚至会有不同意见的激烈冲突；但是，决策层一旦敲定目标，企业所有相关资源都必须向这一目标集中。

在与"超级女声"的合作中，蒙牛的努力是全方位的。电视广告、网络宣传、户外广告、促销活动等等，都是及时跟进的。所以，蒙牛酸酸乳这次事件营销的成功，其实也是蒙牛整合营销传播的一次成功。

最后，如何利用多次事件营销成功之后的影响，拉动品牌美誉度向品牌忠诚度的提升？如何打造企业与品牌的核心竞争力？这也是蒙牛如今面临的重大问题。但我们也能从他们的努力中，找到一些思路。

事件营销，是品牌塑造的直接载体。要充分利用好这个载体，就要实现事件营销与品牌两者之间的共鸣与共振。

在“神五”中，蒙牛“强壮中国人”的口号我们还记忆犹新，蒙牛牛奶的品质、蒙牛品牌的诉求，都得到了消费者的认同。

蒙牛酸酸乳，“酸酸甜甜就是我啊”，脍炙人口的广告词也深深打动了不少消费者的心。一个品牌的成长，是满足消费者的结果。产品、营销、品牌，应是企业同时努力的三个方向，任何时候都不能偏废。

事件的选择、策略的执行、后期的跟进，环环相扣，应是事件营销成功的基础。产品、营销、品牌，三方面同时着手努力，企业才能实现知名度到美誉度到品牌忠诚度的升级。

4. 嫦娥奔月，谁来助推？

2007年10月24日18点整，随着一阵巨大轰鸣声，受世人广泛关注的中国第一颗探月卫星——嫦娥一号顺利升空。直至今天，“嫦娥”这一热点事件仍是各大媒体重点关注的新闻事件，成为2007年为数不多的热点之一。

此次热点事件品牌捆绑大概只有两个牛奶品牌，蒙牛、伊利在此次科技事件中发出了一些声音，其他品牌只是如同在春晚上祝贺般，在网络或区域知名报纸等媒体上刊登祝词，聊表寸心而已。

就事件影响力而言，2007 年的嫦娥一号其实与前两年的神五、2008 年的奥运都是可以相提并论的大事件，可为什么鲜少有品牌和企业借势嫦娥一号，完成自己的助推升空呢？

就营销而言，这是中国企业界的一大遗憾。这几年，营销理论丰富得有些让人目不暇接，中国人在造概念、出点子、提炼理论方面，可以拿奥运冠军，如果一一列出，编辑恐怕要跟笔者探讨稿费问题了。

但为什么在营销理论如此丰富的今天，在品牌营销方面还是鲜有企业借助外力完成突围呢？此次嫦娥一号升空事件不论从影响力、公众关注度、正面性等各方面讲，均符合事件营销对于事件选择的标准，可以说是一个标准的可捆绑事件，为什么中国企业会置若罔闻呢？

中国企业界尤其是中小企业，务实精神不足，务虚精神有余，但在今天探讨的层面，又显得过于务实和眼光短浅了。我们的企业和企业家，在营销创新上花的心思确实不够，一谈推广就认为一定是大投入，花大钱，砸广告，上央视，却忽略了借势登顶这一最大的可能。

打个比方，营销就像追求一名好女孩，有钱有势者众多，长得帅的也不少，即使你有钱，也不能跟人瞎比较，而是应该动点心思，想一想还有什么“花招”能博得女孩的芳心？

事件营销就是最好的“花招”之一。

CBCT多年来一直致力于营销创新应用理论的研究，根据品牌3.0理论，我们认为要做好事件营销，得在以下四个方面下足功夫：在出风头的场合多露脸，让消费者注意你；要有巧妙的创意，才能取得事半功倍的效果；同时借助广告的力量，扩大影响力；还要加强沟通互动，和消费者多交流，多揣摩消费者的心思，全面满足消费需求，从而提高美誉度，于无形中夺得消费者的芳心。

1. 选好事件，出足风头露足脸

根据我们的实践经验，事件营销要想取得最大效果，尤其要注重以下三个特点：时效性、行业性、娱乐化。

首先，要抢占时效性。

事件发生的时间是难以预知的，并且不可估量其发展。因此，很多企业仓促上阵，起个大早，赶个晚集，花了大价钱，效果却不容乐观。

当年神六升空时，随着两位宇航员一起进入太空的，还有来自中国台湾的泥土和云南的几克普洱茶，前者当然是政府对统一大业的夙愿，而后者自然是云南企业想借神六这一事件提升知名度。

但令人失望的是，神六平安归来后，这几克普洱茶便消影遁形了。后续活动支持的缺失，使这一次事件营销虎头蛇尾，并没有达到企业欲借势提升品牌影响力的初衷。更何况这一事件只是品类的一次宣传，没有落实到具体的单体品牌上。

嫦娥一号的升空自然是件绝对的眼球事件，企业为捆绑这一事件在公关上想必也下了大功夫。凡事预则立，不预则废，要想做好事件营销，战略的准备至关重要，企业成立专业的企划部门进行长期跟踪，提前操作，前期的全盘预测、准备，中期的严密周全的规划、坚定的执行，后期做好活动评估，都要步步做好，为收官和下一局做好准备。这样的一套组合拳打下来，才能将事件营销的效率放大到最大价值。

其次，要评估行业相关性。

因为事件具有行业性的特点，细分下来有科技事件、民生事件、社会事件、网络事件等多种类型。如何选择其中合适的事件进行品牌依靠，这就需要对事件的性质与品牌内涵进行匹配性评估。

蒙牛品牌当年捆绑神五一飞冲天，已成为教科书式的经典案例。神五的成功，带给国人的是对祖国的自豪感和对科技的兴趣，这与蒙牛的品牌诉求——“每天一斤奶，强壮中国人”，和大量对于蒙牛产品生产的科技含量的宣传密切贴合，才成就了蒙牛的发展神话。

在事件的选择上，与品牌的契合度是最重要的指标。企业必须选择合适的事件，在操作中提炼出恰当的主题，借以黏合事件与品牌。只有品牌与事件内涵吻合、相辅相成，才能够两相激荡，使品牌的注意力吸引最大化。

第三，要注重事件的娱乐化操作。

好的事件，一定不能举轻若重，而要举重若轻，要特别注意让更多的社会人群参与进来一起关注，而不是将影响力局限在某些局部专业人士之内。娱乐化便是这个时代一个重要的特点。

要注意的是，娱乐化不是庸俗娱乐，而是寻求品牌内涵、产品特点、行业热点与事件的互动性和延展性，以内涵带外延，不断以事件刺激社会和媒体的眼球，将事件进行再次传播和放大。

2. 选好创意，决定成败

今天的消费者，不是等待信息，而是摒弃信息。连手机短信也成为新媒体的时代，消费者对于泛滥的信息的态度可想而知。在消费者对资讯处于抵触心理的时期，融化消费者内心的坚冰，靠的就是创意这一支小小的火柴。

事件营销就是注意力经济，选择合适的事件资源后，如何利用它发挥最大的功效，吸引更多的注意力，就看创意人的功底了。

阿基米德说，给我一个支点，我就可以撬动地球。在此，事件就是支点，创意就是杠杆，创意越巧妙，杠杆的长度就增加，撬动地球就越轻松。

富亚公司当年为了证明涂料的无毒、环保，欲用小猫小狗进行喝涂料试验进行证实，结果受到动物保护协会的阻拦，老总一急之下，就自己把涂料给喝了。这一举动轰动了整个北京城，各大媒体争相报道，随之而来就是订单不断，销售业绩大增。

活人喝涂料，这一无毒证明不免过于极端，吸引眼球和提升销量的暂时性目的达到了，可这样的事件传播对于品牌建设是利大还是弊大？事件营销不同于行为艺术，可以走钢丝，创意则必须以品牌为出发点，每一个创意都应该一步一步坚实地走在品牌提升的路上。

再看1985年，张瑞敏怒砸问题冰箱事件，这可以看作一次典型的事件营销案例。海尔因为张瑞敏的这一举动，登上无数媒体、书刊以及高等院校的关于企业质量的教材。

也许那时的张瑞敏，并没有考虑到这一举动在海尔营销上的效应，但此举的切实结果就是，通过这一事件的广泛传播，海尔注重企业管理、注重产品质量的形象被极大地树立起来。

在事件营销上，选择合适的事件进行营销捆绑时，这一捆绑的绳子就是创意所在。入门的选手能够将绳子打成蝴蝶结，让事件与品牌看起来天衣无缝；高段位的选手则可以用创意改变事件的发展走向，为品牌服务，当事件成为社会话题的同时，品牌自然在潜移默化中植入了消费者的内心深处。

3. 借力广告，整合传播最重要

因为事件具备新闻的性质，时效短暂，很容易就成为明日黄花，如何使事件营销的生命力更长久一些？这就要利用到广告强化传播的功用。

广告并非不能用，关键是在于如何用到巧妙之处。

事件营销的最终成功，需要的是策划力与传播力的综合匹配，即事件行销力＝策划力 × 传播力。再好的事件行销构思，再成熟的策划方案，一旦遭遇很差的传播力，结果也不会令人满意。在2004年劲霸男装关于入选卢浮宫的事件营销全过程中，劲霸男装在具体执行策划的过程就充分把握住了传播力的精髓。

2003年10月，劲霸因款式设计领先，被法国·中国文化年组委会选中，作为唯一入选法国巴黎卢浮宫的中国男装品牌，参与中华民族服饰展演。

但据调查，所谓“入选”不过是一次商业走秀，不具有持久意义，不代表被卢浮宫收藏认可。而时隔一年后，劲霸公司将此拍成广告片，斥巨资在世界杯期间最优时段进行宣传，打出广告语“唯一入选巴黎卢浮宫的中国男装品牌”。

尽管有人对此广告质疑声不断，业内人士也称之为打“擦边球”，但结果是消费者已经对劲霸品牌耳熟能详，而且潜意识里已经将其列为中高端品牌系。

劲霸的这一举措证明，在借助事件进行推广时，借助广告进行整合传播，将使事件和品牌更有说服力和震慑力，从而强化事件对品牌的营销价值。

广告的效力自然无法小视，在强化传播方面依然是最强势的渠道，但事件营销的广告传播和单纯的广告宣传自然不同，前者因为具有新闻性的特点，故在传播内容上要求真实可信，还原事件原貌，才能得到消费者的认可。

因此事件营销在传播上就需要区别以往的广告形式，在媒体的选择、传播形式和内容、传播的强度等各方面，坚持真实可信的原则。

4．注重互动，强化品牌个性

用事件营销能快速打造品牌，重要的就是因为品牌需要不断跟消费者进行沟通交流，每一次事件营销都会在消费者心目中留下印象。

持续不断的良性互动，连起来就是一条线，赋予品牌以稳定的性格，品牌的张力带来销售的动力，从而促进企业快速成长。

如今的社会也进入了扁平化阶段，全民参与成为时代的潮流，每个人都想成为英雄，而不仅仅是坐在银幕下仰视英雄，科技的发展也使之成为可能。“超级女声”“娱乐篮球”“梦想中国”等电视节目，正是以平民参与为出发点，才成为社会的导向性话题。

2005年，白沙集团与长沙市青基会在湖南省开展“为构建和谐社会贡献力量，一份爱心决定一所希望学校”的爱心助学活动。活动内容一登出，就得到消费者的广泛关注与踊跃参与，每天接到消费者一百多个咨询电话和十余封信件。

与以往企业的公益助学活动不同，大家最感兴趣的是此次的大奖——和谐飞翔奖。这个奖项将从100名“和谐社会奖”和10万名“和衷共济”奖中抽出三名，获奖者将得到希望学校的选址权和命名权，或选择相关学校的配套教学设施的援建。将权利交给消费者，成为这一事件区别于以往公益活动最大的亮点。

白沙此次爱心助学活动的事件营销，因其对消费者参与的特殊关注和对参与环节的设计，从而成功地将白沙和品牌“和谐社会，我心飞翔”的主题推进到公众的心中，完成品牌的深刻植入，成为既结合事件又顾及消费者互动参与的特殊营销事件。

这就是高段位选手的出招，看似平常，却都有些玄妙在内。公益助学这样的公关活动，抛开企业的社会责任不谈，自然也想提升品牌的美誉度，可除了农夫山泉的“每买一瓶水，您就为希望工程捐助了一分钱”还有些影响外，其他多已泥牛入海。

在这样的活动中，全部的关注都投射到受益人身上，而白沙却看到了捐赠人的身影，为什么不能使捐赠人也得到一些回报？白沙的确慧眼独具。但这样的公益事件操作起来须谨慎小心，一招不慎就可能会招致社会道德层面的麻烦。

品牌的知名度、美誉度，都有一个成长的过程，而每一次事件营销的成功运用都可以帮助品牌成功地跨越一大步。

我们相信，事件营销比纯粹的硬广告往往更有穿透力，能用15%的力量，达到85%的效果，这正是事件营销的魅力所在。

缺少了品牌的助推，从事件营销的角度看，嫦娥一号的这次升空显得有些冷清。也许是神五、神六在前，企业界对此次科技事件的敏感度降低。

但细想起来，除了科技与爱国情怀之外，嫦娥、月亮、团圆、爱情等中华民族的传统元素在此次事件均可借势诉求，无论快速消费品、家电、IT 等等行业，都可以找到与之气质相关的连接点，如果找准创意、强化传播、做足互动沟通，或可借此机会一飞冲天。

5.“大骨面”玩出营销新花样

脑白金的上市，给人的印象总是神龙见首不见尾。就是这个神秘的保健品，在国内市场上刮起了阵阵旋风，在两至三年内，即创造了十几亿元的销售奇迹。如果按人均每瓶消费计算，全国则有三四千万人吃过脑白金！

脑白金的“杀手锏”是什么？核心点是所谓的新闻传播，具体包括两种手法：

1．软文开路

软文是脑白金营销最得意的绝技之一。脑白金的精彩问世，是以五篇大块软文鸣锣开道，制造一个非常新奇的新闻亮点，引出人体脑白金的话题。

如以美国人的疯狂，引发“人类长生不老？”的话题，从深层次发掘人们求长生的心理。还拿脑白金与克隆技术相比，以宇航员登太空吃脑白金改善睡眠为事件等，抓住热点事件，宣传脑白金的神秘特点。

2. 事件行销

脑白金还善于创造事件，引导热点导向。炒作免费赠送脑白金活动的始末，就是一个典型的案例。1999 年 6 月 30 日，脑白金在上海展览中心举办的免费赠送活动。脑白金策划人员紧紧把握了新闻点，及时加大了传播力度。

第一传播活动现场的壮观场面，暗示老百姓高涨的热情；其次传播活动中秩序的混乱，甚至造成十几个市民受伤，借势渲染市民的迫切心情；第三通过对受伤市民的道歉和送礼慰问，传播企业的公德心，树立企业和产品品牌形象。通过这一系列宣传，脑白金在上海的销售高潮迭起。

脑白金在江城——吉林免费赠送活动时，正赶上大雨天，几千人在大雨中排队等候领取脑白金。于是策划人员抓住契机，将天时、地利与人和相结合，连续在媒体上大做文章。如《江城万人感冒》等，信息传开后，收到了极好的新闻效果。

新闻传播在脑白金的品牌宣传中，其气势与产生的效果远远超过其他形式的广告软文。因此，逢年过节，当脑白金进入旺销期时，很多销售点出现断档。

策划人员就会围绕这一事件，大报特报老百姓抢购脑白金的疯狂场景，还以新闻追踪的形式，报道消费浪潮、经销商、商家与厂家的热销与加班生产状况，为的是树立产品美誉度，迎合从众心理，更加掀起抢购狂潮。

当我们为脑白金迅速崛起在而啧啧称赞时，我们是否也深思过，脑白金的成功靠的是什么？其实最关键的还是事件策划！

在现今方便面市场整体衰退的情况下，作为河南本土知名品牌的大骨面异军突起，持续热销，凭借在销售淡季也不降反升的销售业绩，成功逆袭，成为方便面食品行业的一匹黑马。

随着市场的不断成熟，传统的营销模式已经被打破，创新的营销模式随之应运而生并不断发展。当下，方便面市场营销手段呈现多样化趋势，只有做好营销策略才能制胜。

面对纷争的方便面市场，大骨面选择独家冠名具有公益性质的“名嘴 K 歌秀”，主打公益营销，开创方便面营销新模式。

为提高品牌知名度，促进销量增长，大骨面进行了各种创新尝试。不仅在产品层面实现了方便面从白水泡面到骨汤泡面的突破，而且在营销方面也进行了创新探索。

从 2015 年 4 月份的“突破 2 亿包，疯抢百部 iphone6”消费者回馈活动到 8 月底的“悬赏 10 万猜字谜活动”等，都获得了普通群众、媒体等多方的热烈关注。而这其中最受关注的便是与“名嘴 K 歌秀”节目的合作。

“名嘴 K 歌秀”是河南省首档名嘴跨界 K 歌的大型公益节目，在 2014 年大骨面就已经联手 K 歌秀节目组在全省寻找到 10 名家庭贫困但品行兼优的孩子，并募集了公益基金九十万多元用于改变他们的现状。

另外，大骨面还单独为这些孩子捐赠了 10 万元的公益资金和每人一年的大骨面提货卡，帮助这些贫困儿童解决饮食问题。

2015年，大骨面选择继续与该节目合作，在河南18个地市的贫困地区寻找品学兼优的贫困儿童，为他们募捐公益基金，向社会传递满满的爱心和正能量的同时，也想通过此活动向消费者传递“大骨面，河南更多人吃的方便面”的信息，提高品牌的知名度与美誉度。

方便面作为一个市场集中度高、行业竞争白热化的行业，曾经经历了辉煌的发展期。而在现今方便面市场整体衰退的情况下，作为河南本土知名品牌的大骨面却不甘落后、突破创新，选择了公益营销这样一条创新营销之路，开创了方便面营销的新模式。

公益营销有时被称为不是营销的营销，是典型的攻心之策。其本质就在于企业通过公益活动与消费者沟通，树立良好的企业形象，提高品牌美誉度，从而促进销售。

根据英国一家调查公司的数据显示：86%的消费者指出愿意对那些为改变世界做出贡献的企业产生好感，并决定是否购买产品和服务，73%的消费者在购买产品时愿意转向因为参与某项公益活动的企业，61%的消费者表示愿意重新选择到参与公益的零售商店购物。

由此可见，大骨面选择公益营销之路的经营智慧。也因此，据国内领先的市场研究机构（CTR）河南市场消费数据显示：河南省七百四十万户家庭中，大骨面为最近一年（截至2015年3月20日）河南商超渠道消费量第一名的方便面产品，在消费数量、消费金额等各项指标上均超越其他方便面品牌，成为河南更多人选择的方便面。

当把公众的热爱和品牌的诉求高度融合时，对品牌的溢价效益将不言而喻。大骨面独家冠名“名嘴K歌秀”是一次针对性的营销创新，通过“名嘴K歌秀”给大骨面的品牌带来更大的提升空间，让大骨面走进河南的千家万户，为大骨面的销量桂冠增添更多精彩。

第九章　借力思维

很多时候，我们就是判断一件事情能不能做到，往往是看自己的能力够不够。其实一件事情结果的达成，谁又规定只能用自己的能力呢？很多成功者并不是他的能力有多强，而是他能整合更多的资源。我们也把这个叫“借力”。

1. 借力使力不费力

一天，一个小和尚跑过来，请教禅师：“师父，我人生最大的价值是什么呢？”禅师说：“你到后花园搬一块大石头，拿到菜市场上去卖，假如有人问价，你不要讲话，只伸出两个指头；假如他跟你还价，你不要卖，抱回来，师父告诉你，你人生最大的价值是什么。”

第二天一大早，小和尚抱块大石头，到菜市场上去卖。菜市场上人来人往，人们很好奇，一家庭主妇走了过来，问：“石头多少钱卖呀？”和尚伸出了两个指头，主妇说：“2元钱？”

和尚摇摇头，家庭主妇说：“那么是20元？好吧，好吧！我刚好拿回去压酸菜。”小和尚听到后心里暗道：“我的妈呀，一文不值的石头居然有人出20元钱来买！我们山上有的是呢！”

于是，小和尚没有卖，乐呵呵地去见师父，“师父，今天有一个家庭主妇愿意出20元钱，买我的石头。师父，您现在可以告诉我，我人生最大的价值是什么了吗？”

禅师说：“嗯，不急，你明天一早，再把这块石头拿到博物馆去，假如有人问价，你依然伸出两个指头；如果他还价，你不要卖，再抱回来，我们再谈。”

第二天早上，在博物馆里，一群好奇的人围观，窃窃私语：“一块普通的石头，有什么价值摆在博物馆里呢？”“既然这块石头摆在博物馆里，那一定有它的价值，只是我们还不知道而已。”

这时，有一个人从人群中窜出来，冲着小和尚大声说："小和尚，你这块石头多少钱卖啊？"小和尚没出声，伸出两个指头，那个人说："200元？"小和尚摇了摇头，那个人说："2000元就2000元吧，刚好我要用它雕刻一尊神像。"小和尚听到这里，倒退了一步，非常惊讶！

他依然遵照师傅的嘱托，把这块石头抱回了山上，去见师傅："师傅，今天有人要出2000元买我这块石头，这回您总要告诉我，我人生最大的价值是什么了吧？"

禅师哈哈大笑说："你明天再把这块石头拿到古董店去卖，照例有人还价，你就把它抱回来。这一次，师傅一定告诉你，你人生最大的价值是什么。"

第三天一早，小和尚又抱着那块大石头来到了古董店，依然有一些人围观，有一些人谈论："这是什么石头啊？在哪儿出土的呢？是哪个朝代的呀？是做什么用的呢？"

终于有一个人过来问价："小和尚，你这块石头多少钱卖啊？"小和尚依然不声不语，伸出了两个指头。"20000元？"小和尚睁大眼睛，张大嘴巴，惊讶地大叫一声："啊？"

那位客人以为自己出价太低，气坏了小和尚，立刻纠正说："不！不！不！我说错了，我是要给你200000元！"

小和尚听到这里，立刻抱起石头，飞奔回山上去见师父，气喘吁吁地说："师父，师父，这下我们可发达了，今天的施主出价200000元买我们的石头！现在您总可以告诉我，我人生最大的价值是什么了吧？"

禅师摸摸小和尚的头，慈爱地说："孩子啊，你人生最大的价值就好像这块石头，如果你把自己摆在菜市场上，你就只值 20 元钱；如果你把自己摆在博物馆里，你就值 2000 元；如果你把自己摆在古董店里，你值 200000 元！平台不同，定位不同，人生的价值就会截然不同！"

这个故事是否启发了你对自己人生的思考？你将如何定位自己的人生呢？你准备把自己摆在怎样的人生拍卖场去拍卖呢？你要为自己寻找一个怎样的人生舞台呢？

不怕别人看不起你，就怕你自己看不起自己。谁说你没有价值？除非你把自己当作破石头放在烂泥中，没有人能够给你的人生下任何的定义。你选择怎样的道路，将决定你拥有怎样的人生。

世界上的事情就是这样奇特。有些人一直在抱怨，自己很想做成某事，但是没有资金，没有客户，没有人脉……什么都没有，根本就做不成。

就这样，在做事之前，已经失去了信心。而犹太人之所以能白手起家成为世界上令人艳羡的富豪，就是因为他们在别人还在埋怨少这少那的时候，已经思考借助什么样的力量来成就自己的事业了。

犹太人用自己的经历向我们阐释：只要想做，就没有做不到的事；没有东西不要紧，只要善于借助别人的力，就能成就一番事业。

"与其待时，不如乘势"。红顶商人胡雪岩曾经说过："顺势是眼光，取势是目的，做势是行动。"在犹太商人的眼中，乘势同样是成功的一个主要因素，所以成功的商人应该是乘势的高手。

乘势在军事上表现为四两拨千斤，而在商场上就是一笔巨大的财富，有人凭借乘势一夜之间成为百万富翁，有人不会乘势，只能眼睁睁地坐失良机。

美国的食品大王鲍洛奇，就是乘势慢慢地成为美国食品界翘楚的。第二次世界大战爆发的时候，战场上的粮食蔬菜供应紧张，鲍洛奇听说日本侨民在花园里生产古老的东方蔬菜——豆芽，对此产生了浓厚的兴趣。

他来到这群人中间，发现将豆子放进钻了孔的木桶中，只要按时给它加水，白嫩嫩的豆芽就会像魔术一般冒出来。于是，他将这一“伟大发现”告诉他的合伙人贝沙，并且告诉他这一发现将会为他们带来无尽的财富。

但是贝沙不这样认为，他觉得这是一笔小生意，而且豆芽是东方食品，能不能在这里打开市场还是一件未知的事情。

但是鲍洛奇却有自己的见解，他认为现在正是战争时期，食品的供应很困难，豆芽的生长不受地点和气候的影响，且有营养，而且成本也不高，是理想的蔬菜代用品。

再说，美国本来就是一个猎奇的民族，豆芽本身具有很悠久的历史和很浓烈的东方色彩，美国人肯定会对其产生浓厚的兴趣，它的卖点确实很多。

于是，鲍洛奇开始经营豆芽的生意，结果果然如他所料，他按照自己的设想一步步走下去，后来真的成了东方食品大王，鲍洛奇的东方食品被美国的食品市场接受，并在传统的食品市场中找到了自己的位置，取得了巨大的成功。

鲍洛奇就是这样凭借战争的时机发财的，他的合作伙伴因为不会乘势，所以成为东方食品大王的是鲍洛奇，而不是他的合作伙伴。由此我们可以看出，借助恰当的时机，一样可以取得令人艳羡的成就。

很多成功的犹太人就是借助恰当的时机成功的，一般人遇到战争就会惊惶失措地寻找一个安全的避难所，只有那些颇具眼光的人才会在战争的背后看见巨大的发财机会。

“乱世出英雄”这句话实在是太准确了。只有那些能在战争中发现商机的人，才会在战争中赚到别人赚不了的钱，这就是借助恰当的时机，乘势而上的巨额回报。

一位犹太人在美国居住，当美国出现经济危机时，东西便宜得不可思议，经常是用几美分就可以买到不少的东西，而且，由于很多东西卖不掉，人们就直接将其扔在路边。

这位犹太人想，虽然现在商品贬值，但是国家肯定会进行宏观调控，过一段时间，东西肯定就会恢复原来的物价，到时候现在这些不值钱的东西肯定会很值钱。

于是，在别人纷纷将货物以低价尽快出售的时候，他却将其买回来。他的妻子虽然很不理解，但是他们还是拿出了几乎全部的家产收购这些东西。

不久，国家为了稳定物价，实行了宏观调控政策，将商品的价格抬高到原来的物价，这时他觉得时机已经到了，就将手里的东西卖出去，他的妻子觉得如果再等等，说不定价钱会更高，但是他还是按照自己的思路走，将东西全部卖出。

不久由于市场饱和，很多商品的价钱逐渐降了下来。这位犹太人趁此赚取了大量的财富。

成功人士很早就能看出借助时势赚取财富的大好机会，于是他们在恰当的时机乘势而上，在没有时势的时候，就制造时势，因为时势对于一心想成功的人来说，就是一条通向成功的捷径，谁抓住了它，谁就是明天赢在人生巅峰的佼佼者。

一些人之所以总是不成功，不是因为他们不够机智，不够勇敢，有时候就是因为他们没有乘势而上，这样的人实在是太可惜了。成功的双臂已经向他们招手了，就是因为他们没有抓住时机，乘势而上，所以成功就这样与他们失之交臂，这样的例子实在是太多了。

所以，要想成功，就必须会抓住时势，然后乘势而上。只有这样，才能取得梦寐以求的成功。与其坐等时机，不如乘势而上，因为时势是成功人士的摇篮。

2. 巧动心思，借力打力最省力

三国时候的诸葛亮是“借力”用得最好的人之一。

有一天，周瑜对诸葛亮说：“你 3 天之内，给我打造 10 万支箭来。”这是根本不可能完成的任务，诸葛亮还是满口答应。为什么？打造不出可以借嘛！他跟曹操说：“我想杀你，借我 10 万支箭好吗？”你肯定会说曹操除非脑子进水了才会答应。

曹操脑子没进水，他真的借给诸葛亮 10 万支箭。在一个大雾蒙蒙的早上，诸葛亮派出几千艘木船，船上扎满了稻草，佯装攻打曹营的样子。曹操一看诸葛亮你真的要杀我呀，我先用箭射死你，命令所有的弓箭手万箭齐发，结果箭一支支射到了船的稻草上。不到一个时辰，诸葛亮就收到曹操送来的十多万支箭。这就是历史上著名的“草船借箭”的故事。

谁说借力只能面向“我的同事、我的朋友、我的亲人”，有时候你的竞争对手也是很好的借力对象。突破“我”的局限，世界才会更宽广。

犹太商人认为，任何事业的成功都不是靠一步登天实现的。可是，登天的办法多种多样，善于借助别人的力登天，既便捷又省力。善于借力的人精于借助别人的手打出适合自己的力，这样既可以打出力，又能节省自己的力，何乐而不为?

犹太民族经过战争的风雨洗礼，已经变得一无所有，但是他们懂得借助别人的力来打出自己的拳。他们就这样白手起家，借助别人的势撑起了自己的船，借助别人的力打出自己的拳，从而在金融界越来越富有，越来越有声望和名誉。

犹太大亨洛维格就是一个善于借助别人的力来成就自己事业的人，他最初创业的时候白手起家，就是凭借别人的力他才能成为今天的亿万富翁。

洛维格拥有当时世界上吨位最大的6艘油轮，而且他还经营着旅游、房地产和自然资源开发等行业。洛维格做的第一笔生意是将一艘闲置很久、已经沉入海底的约26英尺的柴油机动船打捞出来，然后用了4个月的时间将它修好，并承包给别人，他从中获利500美元。

青年时期的洛维格在找工作的时候处处碰壁，搞得债务缠身，经常有破产的危机。在他快 30 岁的时候，他忽然有了一个赚钱的想法。

于是他向银行借款，希望银行能贷款给他，让他买一艘标准规格的旧货轮，他准备动手将旧货轮改造成性能更强的油轮。

但是，银行没有答应给他贷款，因为他没有可以作为担保的东西。于是，洛维格有了一个更为超越常理的想法。他有一艘只能用来航行的旧油轮，他将它租给一家石油公司，然后找到银行的经理，告诉对方自己有一艘被石油公司包租的油轮，这样每月的租金就可以打到银行作为贷款的利息。

银行考虑到有这家效益很好的石油公司的租金，在一番交涉下，终于决定给他贷款。洛维格的计算非常严密，他正是因为看中这家石油公司的效益好，而且石油公司的租金正好够贷款的利息，所以才会有这样的想法。

后来，洛维格用贷款买到了自己想要的油轮，并加以改装，使其变成一艘航运能力较强的油轮，用同样的方式将它租了出去。然后又借了一笔款，又买了一艘船，并又将它租了出去。就这样，他的船越来越多，随着贷款的还清，他的包租船就归他所有了。

洛维格的成功就是因为他能借助别人的力、别人的势，壮大自己。他从最初的一无所有到最后的亿万富翁，让人瞠目结舌。他从石油公司借到势，在银行里借到钱，用借到的钱再壮大自己的势，就这样，凭借良好的循环，他的钱越来越多，资产越来越雄厚。

《塔木德》一直在向犹太人宣扬聪明人应该学会借用别人的势、别人的力，来成就自己的事业。他们的经典名言就是：“借别人的鸡，下自己的蛋。”

很多成功的犹太人在一开始创业的时候都是白手起家的，但是，他们可以运用自己的智慧，借助别人的力打自己的拳，这是一种商业智慧，犹太人的这种智慧让全世界的人不得不服。

就像杠杆一样，犹太人就是习惯找准施力点，使用微小的力，撬动比自己大几倍甚至几十倍的东西，这就是聪明的犹太人的思维。所以犹太人能不断地在金融界创造出越来越多的辉煌。

当然，借力不仅是一种能力，也是一种勇气，更是一种智慧。

英国大英图书馆，是世界上著名的图书馆，里面的藏书非常丰富。有一次，图书馆要搬家，也就是说从旧馆要搬到新馆去，结果一算，搬运费要几百万，根本就没有这么多钱。怎么办？有人给馆长出了个注意。

图书馆在报上登了一个广告：从即日开始，每个市民可以免费从大英图书馆借 10 本书。结果，许多市民蜂拥而至，没几天，就把图书馆的书借光了。书借出去了，怎么还呢？大家给我还到新馆来。就这样，图书馆借用大家的力量搬了一次家。

你肯定也想像大英图书馆那样“四两拨千斤”。如果你能发现自己的“四两之力”（图书），并且敢于把“四两之力”用出去（免费借阅），一切就都不是问题。给予，有时也是一种借力。

3. 凡客的“围脖”营销思维

凡客以网络媒体发布商品的方式起步，兼用其他媒体（邮购目录册、EDM、RSS 邮件边栏广告、搜索引擎广告等），配合自身门户网站，逐渐在网购市场打下了一片天地。

随着 Web2.0 时代的到来，凡客的董事长兼 CEO 陈年又乘着东风之便，在新浪微博开始了新的试验。

由于微博兼具了 IM（Instant Messaging）的个体性、即时性，博客空间的个人信息发布和分享性、社区论坛的话题讨论性，以及 SNS 社区的人际关系纽带性，这使其更像一个天然的口碑传播平台。

由于对这些特点的洞悉，加上灵敏的商业嗅觉和经验，凡客诚品已经把微博驯服成了一个很好的与客户沟通的工具。

凡客诚品的媒介经理李剑雄介绍说，凡客目前的顾客定位在三十多岁，喜欢创新、新鲜事物，而这正是微博的客户群。

虽然凡客最初并没有抱着太大的预期，但现在看来，随着微博的影响越来越大，客户群越来越多样，微博作为一种营销方式的优势会越来越明显。

凡客是新浪微博的第一批客户，当初动员员工（主要是运营中心的员工）在一个下午的时间里，注册了一百多个微博账户。

凡客最初只是把微博作为一个参照，不是严格的要求，而是更注重员工的自由度，另一方面鼓励员工参与对企业的关注。

但没有想到的是，微博之旅开始之后，公司的微博带来一定的管理需求。李剑雄说，他们聘用了一个比较专业的管理员，主要负责微博、博客的发布、更新等工作。

员工一般都会有自己的工作任务，这就让微博的更新频率有些限制。凡客微博的管理员的加入，又有了更多专业的活动。

管理员专门负责收集与凡客相关的资源，包括内部和外部的一不涉及商业秘密的部分，在微博中发布，加上员工不时地关注和讨论，表现出凡客微博的轻松氛围。凡客鼓励员工按照自己的理念经营自己的博客，无需仅仅局限于公司部分。

作为第一个测试新浪微博的用户，凡客借着与新浪合作向注册微博的名人、明星送围脖的活动，给微博起了一个昵称“围脖”。

虽然这次赠送活动的实物没有打上凡客的logo，但是受赠者在微博上议论这件事情，晒围脖照片，加上凡客自身粉丝团的活动，大大提升了凡客微博的人气。

微博也对凡客的服务质量、采纳用户建议等流程带来了很大的便利。比如有的顾客建议凡客提供直接退换货。

凡客研究了可行性后，把以前逐层提交退换货要求，调整为直接退换货。微博让客户和公司直接面对面沟通，大大缩短了客户需求到转化为商品的流程，节约了成本，也更直接地反馈给了客户便利和优惠。

李剑雄很形象地把微博比作一个人，他认为微博加强了人与人的沟通，让销售服务更加人性化，让客户与员工能更方便地参与凡客的管理，使整个公司内外氛围轻松而活跃。

李剑雄也有自己的微博，他对微博的评价是，更像一个QQ群，不过他是一个不受限制、无限空间的QQ群，可以跟更多的人面对面，但它又没有时间的约束性。

凡客也注意在微博中实施一些用户感兴趣的商业行动。比如2009年，李剑雄策划了四轮秒杀活动，送出100件价值1000元的衣服。

用户反馈："我尝试过一次，用1元钱买到1000元的产品，鼠标点下去的时候确实很紧张。这在企业看来是营销活动，但是对于普通顾客来说，这就是个好玩的游戏，大家乐于参加这样的活动。"看来，用一种互相关注、轻松参与的方式进行微博营销是很合理的。

如果说想拿微博来表达思想，那么很难做到系统，因为微博的文字段在字数限制的情况下，只能是片段化的，有点零碎。

这样一来粉丝们更关注于实际的有效的内容，让大家放下情绪，来认真而积极地专注于每个细节或者说"小事"。正是这些看上去的零碎的小事，让凡客看到了粉丝们真实的心声，而积极地去回应他们。

李剑雄认为："过去凡客对粉丝的数量并没有特别的要求，但是现在觉得有必要增加，还需要做一些事情来推动一下。要不断地做话题，和焦点新闻、事件结合在一起，做一些抢购以及'盖楼'活动。"

随着时间的推移，凡客发现如果仅仅局限于自身的范围，粉丝的关注是有限的。毕竟仅仅围绕一个公司，话题不多。

为了提高微博的人气，凡客也在微博上发一些美女、美图、名人、新闻等八卦话题，增加微博的吸引力，提高人气。微博有时候很八卦，但这种八卦是粉丝的兴趣所驱使，"不怕事小，就怕没说到"。

微博的内容有时候看起来那么漫不经心，但其实都包含互相之间的关注。而名人效应对微博人气的提高有很大帮助。

韩寒代言凡客的事情，在粉丝中激起了不小的波澜。凡客微博对韩寒到访凡客的情形进行了简单的“文字直播”，这让粉丝们议论纷纷。粉丝们多认为，韩寒的风格和凡客以往规范的风格不同。凡客用韩寒和王珞丹做代言人，让粉丝们更为关注，也让粉丝接受了凡客从规范向其他品牌性格调整的过程。

李剑雄表示，凡客之所以能够达到这样轻松的氛围，完全是考虑了微博的特性和用户的心理，杜绝了官腔和软文体，达到和用户直接“唠嗑”的境界，再加上认真对待用户的想法，极大地满足了用户的主动性心理。

随着微博营销优势的逐渐明显，凡客正考虑在这方面加大力量，让微博成为凡客的品牌结构中一个不可或缺的有用的营销途径。

凡客没有实体店，对用户的体验和服务又很重视，这样一来，具备特殊性质的微博成为了凡客方便与客户互动的一个很有效的途径。

微博的介入，让准客户更容易寻找凡客用户的评论、建议、意见。相对于其他之前的网络载体，微博是一个更真实的工具。凡客诚品通过微博客的运营塑造了企业的品牌影响力，也兼顾部分客户服务的功能。

2013 年 9 月 13 日，“中国好声音”学员钟伟强、毕夏、李琦、崔天琪等人的设计款服装将会在凡客官网上售卖，这也是凡客与“好声音”达成战略合作之后推出的首批好声音学员“个人 Style”服装。

与加多宝的一掷两亿、搜狐独家网络直播的 1 亿元、百雀羚特约播出权的7000万、洁丽雅互动支持的4600万相比，凡客花的千万元算是少的，但在制造网络影响力上，凡客“以小博大”做足了文章：凡客结合了自身做互联网自有服装品牌的特点，针对好声音品牌做衍生品，打造家喻户晓的文化品牌，帮助其建立品牌产业链支持。

这确实是一次双赢的尝试。毕竟中国好声音的品牌附加价值还没有被充分挖掘出来，目前只是局限在节目本身，它也需要通过3000万的凡客用户在日常生活中的真实穿着，来在现实生活中对好声音进行二次传播。

从当初的“凡客体”“挺住体”，到后来的“有春天 无所谓”，为什么凡客的每一次营销都能够获得消费者的热烈反响？这是因为，凡客采用了互联网时代特有的创新营销模式，主要有三点：

第一，魅力人格体是王道。互联网第一次解构了明星和普通消费者的关系，它所产生的去魅效应让明星不再高高在上，也让任何有个性的普通人都能够脱颖而出。

过去，凡客更多地利用了前者，通过将明星拉到凡间，使得他们与普通消费者产生共鸣，从而为“凡客”的品牌内涵打下了很好的基础。

而这一次与好声音学员的合作，则更多地凸显了普通人的魅力人格体，凡客签下来的学员不一定是唱歌最好的，但都是有着非常强烈个人特点和外在辨识度的，例如钟伟强的老而弥坚、毕夏的乌鸦嗓子、崔天琪的大嘴巴，等等。

这也给了未来希望做好互联网传播的品牌厂商更多的启示：在

选择明星代言或者挖掘新人的时候，完美与否不再重要，魅力和辨识度才是王道。

第二，互动营销是关键。“凡客体”之所以能够成功，也是在于它非常利于网民参与，谁都可以通过“凡客体”把自己或者别人编排进去。

这次与好声音学员合作，凡客在推出学员设计款服装的同时，还邀请消费者参加设计款服装的广告语设计，让消费者自己也玩得很 Happy，这种营销方式才有可能起到很好的效果。

第三，植入式内容是趋势。在过去的年代里，中国的营销人被集体洗了脑，认为营销就是做广告，央视的很多广告标王最后的结局都不太美妙。

究其原因，就是他们只是在消费者的心中形成了知名度，而没有形成认可度。而凡客的营销之所以成功，就在于它通过内容植入来做营销，因此才有坚硬的文化内核，也才能够与消费者产生共鸣。这次好声音的合作，同样不是简单的广告，更多的仍然是内容的植入。

通过以上这些创新的营销模式，凡客成就了自己，也给业界树立了一种新的营销榜样。未来，会有越来越多的企业转变自己的思维模式，重构自己的营销模式。

4. 色彩营销：给竞争对手颜色看

美国营销界总结出“7 秒定律”，即消费者会在 7 秒内决定是否有购买商品的意愿。商品留给消费者的第一眼印象可能引发消费者对商品的兴趣，希望在功能、质量等其他方面对商品有进一步的了解。

如果企业对商品的视觉设计敷衍了事，失去的不仅仅是一份关注，更将失去一次商机。而在这短短7秒内，色彩的决定因素为67%，这就是20世纪80年代出现“色彩营销”。

“色彩理论”为世界上每一个人、每一个企业、甚至成功的品牌，带来了全方位的超强效果。很多商家抓住商机，运用色彩理论进行产品营销，成功者数不胜数。

近年来，中国的企业也越来越重视色彩在产品营销中的作用。那么，该如何运用色彩进行有效的营销?

设定商品形象。明确商品的消费对象和公司产品的战略位置，同时顾及时代潮流、客户的嗜好等信息，设定商品形象。

在MP3播放器市场色彩混杂，令人眼花缭乱之际，苹果公司的iPod播放器横空出世，其简洁纯净的外观立即吸引住了消费者的眼球。白色意味着极度简约，而iPod就胜在简约，成为了一代经典。

概括上述基本形象概念，同时考虑色彩的组合问题、包装的色彩、商品本身的造型、材料和图案等，选定具体的颜色。

同一个企业会推出不同的产品，出现不同的造型、图案等，但某一具体颜色会成为所有商品的基色，代表了企业的形象，如绿色的“鳄鱼”、红黄色的“麦当劳”、金黄色的“柯达”、海水蓝的“苹果电脑”等。

展开销售计划。销售计划的实施要能给顾客留下深刻的印象，其成功运作要借助于商品本身、包装、宣传资料、说明书、商品陈列等色彩形象策略。

2005年，港中旅投入巨资打造了在线旅游电子商务平台——芒果网。芒果网大胆采用鲜明的橙黄色和嫩绿色，并以芒果为主要形象，组合成明快易记的形象特征，配以广泛的媒介传播和公关活动，在影院、商场等场所进行会员招募等宣传。

这个新进市场的在线旅游电子商务品牌，一举改变此前携程和E龙网缺乏明显色彩营销的模式，给消费者留下了深刻印象，迅速在旅游电子商务市场崛起。

建立信息管理系统。收集资料，掌握“什么东西最好卖”和“为什么好卖”两个要点，验证色彩营销策略，同时建立商务信息资料系统，利用色彩营销积累的资料，更有效地为色彩营销策略提供帮助。

通过长年对中国消费者的调研，L G电子已总结出许多实用性经验。在手机这种接近于装饰品的产品领域，中国消费者已可以接受丰富的色彩和图案。而色彩因素是“巧克力”手机最重要的市场竞争力，其红黑色彩的搭配产生了巨大的视觉冲击力。

这种强大的“色彩差异”让消费者在第一眼看到它时就产生怦然心动的感觉，这种“怦然心动”当然会让消费者将“巧克力”带回家。

外观是商品与消费者最直接的沟通方式，色彩是打开消费者心灵深处的钥匙，往往能引起消费者内心的共鸣。以“色”悦人营销法则的运用，能产生一种无形却又非常有效的沟通作用，会自然地引起消费者的购买行为。

5.“饿了么”抓住了消费者的胃

外卖领域竞争的残酷程度，绝对不低于打车软件。当一轮轮的补贴结束后，留下来的往往是产品体验最好、品牌影响力最大的打车软件。

外卖领域也同样如此，外卖软件正在改变用户使用电话订餐的习惯，而当越来越多人开始用手机订餐以后，谁是用户第一个想到的 APP，决定着最后的胜出者。

2015 年，整个 O2O 的各种补贴大战轮番展开，一时群雄并起，硝烟弥漫。

2014 年是 O2O 行业的爆发年，打车 APP 是这样，餐饮外卖也是。在外卖领域中，进场者不只有已经成立了 7 年时间的饿了么：美团在这一年加入竞争；背靠百度搜索和百度地图的百度外卖上线，试图在餐饮外卖这个刚需品类中抢占一定市场份额；阿里巴巴发布了移动餐饮服务平台“淘点点”，被阿里提到了集团无线战略的高度。

从消费者入口和结算方式上不难发现，如同打车战场一样，百度和阿里旗下的外卖业务是为了借助高频应用推广自己的支付体系，而饿了么和美团外卖则希望能形成商业模式。

对阿里巴巴和百度来说，外卖只是他们整个 O2O 战略的一小部分，但对饿了么来说，这几乎是生死之战。

饿了么是一个起于校园的外卖送餐公司。从上海交大校园到上海市内，最终扩张到全国。如今，饿了么共进行了 5 轮融资，2014

年 5 月，饿了么与大众点评网达成战略合作，并获得大众点评等 8000 万美元的 D 轮融资。2015 年 1 月，饿了么宣布拿到 3.5 亿美元的 E 轮融资。

D 轮融资之前，饿了么还只是一个拥有 200 人和 12 个城市的外送网站。5 个月之后，这个数字翻了十多倍，饿了么扩张到了 2500 人和 187 个城市，日订单量从 10 万单增长到 100 万单。

现在其规模已经增长到全国 260 个城市。而“和你一起拼”这句话出现在饿了么推出的首支电视广告中，起用《奔跑吧，兄弟》中的成员王祖蓝作为其代言人，并出演了三支广告片。尽管补贴大战还没有结束，饿了么已经开始了它的第二个阶段——差异化品牌。

1. 从疯狂补贴进入品牌专业化。

在外卖大战中，2015 年以来的营销模式仍然是一轮轮的补贴轰炸。以阿里、百度为首的互联网巨头正在开启一轮轮疯狂的补贴战。

补贴大战不跟进就白白错失了用户黄金增长期，而跟进则意味着大量烧钱。如果按照饿了么去年公布的每日 100 万单和补贴额度算，如果巨额补贴战继续打下去，平均每月将支出约 1.5 亿人民币。按照现在的用户体积，数额远远不止这个数字。

随着市场竞争越来越激烈，消费者也越来越有自己的主见和想法，饿了么意识到不能再通过简单发放补贴的粗暴方式来运作品牌了，而是希望给用户们一些新的品牌感受，获得更多用户认同。

在饿了么看来，互联网外卖行业的营销宣传分为两个阶段：第一阶段是行业通过补贴培育市场，教育消费者养成用 APP 来订外卖的习惯；第二阶段是品牌专业化的阶段。尽管补贴战还没有结束，饿了么已经开始了它的第二个阶段。

饿了么给自己找到了新的定位，口号从“叫外卖，上饿了么”变成了“和你一起拼”。徐大钧说：“我们发现很多消费者叫外卖并不是因为钱多钱少的问题，而是没有时间。学生拼学业和就业，白领拼事业，还有很多人在拼创业。这是一个全民一起拼的时代，餐饮界的竞争要拼，饿了么也在和竞争者们拼，所以我们用‘拼’这个字作为关键字，希望陪伴我们的用户和商户，这样的传递更加走心。”除此之外，饿了么的 APP 上也有拼单的功能，所以“一起拼”也有功能上的指向。

饿了么在 2014 年也投放过一些楼宇的广告，在比较系统的重新梳理了品牌定位、品牌内容和品牌传播之后。“和你一起拼”这句话出现在饿了么最新推出的首支电视广告中，起用《奔跑吧，兄弟》中的成员王祖蓝作为其代言人，并出演了三支广告片。“饿了别叫妈，叫饿了么”这句话，是广告主打的概念。

“和你一起拼”的表现形式，不见得一定是励志主题，饿了么希望以一种差异化的幽默方式吸引观众。

所以王祖蓝在其中扮演的“国民老妈”的形象也试图传递出一种喜剧效果。这一系列广告已经在优酷土豆，腾讯视频以及分众传媒上进行了投放。

在投放期间，饿了么 APP 的日下载量比以往翻倍增长。根据易观智库发布《2015 年第一季度中国互联网餐饮外卖市场报告》显示，饿了么以 40.07% 的整体市场占有率居首位，APP 活跃度方面，以 754.8 万的季度活跃人数领先其他平台。

除了大规模的广告投放，同其他竞争对手一样，饿了么也频频推出社会化营销。6月1日儿童节，饿了么顺势推出一款名为“外卖时光机”的产品，带领用户回忆这些年一起叫过的外卖。用户只需登录饿了么APP，点击“外卖时光机”活动页面，即可参与产品体验。

通过生成的H5页面看到自己在饿了么的订餐历程，包括第一次遇见饿了么的时间、成功下单次数、花钱总金额等数据。饿了么鼓励用户分享此次活动到微博、朋友圈，最后再对用户进行奖品奖励，实现营销带来的用户的活跃度维系。

6月初，饿了么CEO张旭豪携手SOHO当家人潘石屹身着复联制服发动“大佬送餐”声援广大创业者团队一起拼，引发社会话题关注。

找到新口号、起用代言人、投放电视广告、社会化营销，从这些举动中可以看到这家餐饮O2O平台，正在试图通过建立属于自己的“品牌”，来和竞争对手拉开距离。

2. 联手高端餐饮打造品牌馆

现在饿了么正在努力主导产品摆脱“接单渠道”这一角色，渗透到用户的全部生活场景中去。本地生活服务是一块令人垂涎的巨大市场蛋糕，饿了么希望把周边的商品和服务送上门。

“品牌馆”是饿了么高端餐饮发展部发展了近一年的商户资源，实施高门槛的准入制，饿了么自有物流部分的两千多名配送员就是服务于它们。与高端品牌联手，深耕自己的品牌形象，是饿了么的又一张牌。

饿了么将逐渐与百事可乐、麦当劳、炫迈口香糖、迪士尼等展开合作，把传统快消同互联网及泛娱乐行业和餐饮行业的品牌资源联合跨界整合到一起。

6. 开心网的病毒式营销

所谓病毒式营销，指发起人发出产品最初信息到用户，再依靠用户自发的口碑宣传，病毒式营销利用用户间的主动传播，让信息像病毒一样扩散，从而达到推广的目的。

由于其原理和病毒传播方式类似，经济学家称之为病毒式营销。通过提供有价值的产品或服务，“让大家告诉大家”，通过别人为你宣传，实现“营销杠杆”的作用。

开心网的病毒式营销是国内 SNS 网站做得最成功的一例。2008 年 3 月，程炳皓创办了开心网，通过病毒式营销模式，短短一年多的时间里，以独特的营销和产品成为互联网业的一匹黑马。

2008 年最重大的网络事件之一就是开心网在白领群体中的流行，以至于上开心网变成了一种时尚。种菜摘取、抢抢车位……开心网像病毒一样在人群中蔓延。

于是，在白领人士中传播着这样的流行语：2008 年 7 月之前你没有听过开心网，这很正常，因为那时它才刚刚创立不久；2009 年 7 月，如果你还没有一个开心账号，很显然你已经“OUT”了。

其实，开心网提供的产品并不新鲜，照片、日记、书评、影评等信息分享平台，短消息、留言、评论等沟通手段，事务管理、网络硬盘、收藏等个人工具，投票、答题、真心话等互动话题以及朋友买卖、争车位、买房子等互动组件，大多数都是从国外大牌社交网站 Facebook、Twitter 等借鉴来的，开心网完全照搬了 Facebook 的做法，比如抢车位、投票、测试等小游戏插件，通过这些应用吸引有钱的白领人士成为忠实用户。

虽然，作为一个模仿者，开心网提供的产品并不十分出人意料，但是，其成功的营销手段确确实实是赢家的范例。

纵观开心网的营销模式我们可以发现，在开心网大为流行、赚足眼球的背后，则是开心网几乎没有花一分钱进行广告推广，也基本上不在其他网站做广告链接，而是完全依靠病毒式营销传播，将 SNS 网站最传统的病毒式营销发挥到极致：MSN 的用户主要为白领，通过与 MSN 合作，开心网获得了 MSN 的用户数据。

用户在开心网注册之后，MSN 就会自动发送邀请链接给其 MSN 好友。有时候，MSN 用户会在一天之内收到好几十个链接，邀请其进驻开心网，直到 MSN 用户最终注册。

一旦注册，就会自动成为下一个传播节点。靠着这种爆炸式的病毒传播营销模式，开心网的用户在短短几个月内呈几何级数增长。

开心网在复制 Facebook 的模式时，巧妙地找准了一个切入点，通过对“六度空间理论”的准确把握，依靠 IM 和 E-mail 进行病毒式传播，选择互联网、传媒、广告、影视等人际互动比较强的行业，以这些行业从事市场、公关、销售的人员为突破口，辅助以口碑传播，使得开心网在短短几个月内风靡于网络世界。

有资料显示，从 2008 年 5 月开始，开心网的流量和人气急剧攀升，截止 2008 年 12 月，开心网的用户人数，按照最保守的估计，也在500万到800万之间。

开心网的营销推广模式给我们如下启示：要让一个产品获得一个好的推广渠道，首先要寻找正确的意见领袖。

利用互联网的传播特性，促成产品在社交网络、社会化媒体的渗透，并通过制造轰动性事件、争议性话题等实现大范围病毒传播，乃至达致引爆点。这是一种无本万利的营销手段。

寻找正确的意见领袖，对于病毒式营销初期来说非常重要；病毒式营销是细水长流的工作，但是在大部分情况下，意见领袖可以帮助你事半功倍。所以，寻找真正喜欢你产品的联系人、内行、推销员的角色就变得举足轻重了。

其次，应用好口口相传的营销方式——病毒式营销是另一个关键点。口碑，是在信任的人之间一次次传递商品信息的过程，如果正面的商品信息在你和你的朋友间都无法顺畅传递，你就不要指望它们会通过口碑的形式被广泛传播。

第三，循序渐进不求速成。病毒式营销与传统的网络营销方式有相同点，即“好汤需要慢火炖”。

有时，太急于表达自己的商业目的，客户反而不会买账，而自然而然地让客户接受，往往会收到意想不到的效果。

第十章 开放思维

“开放”是继“机器替代人工、规模化大生产”之后，第三个具有“普适性”的生产组织方式。就如同100年前，创新了福特流水线生产模式成为伟大公司，今天，理解了开放思维的生产组织方式，同样有机会成为伟大的公司。

1. 只有开放才能共赢

史蒂夫·乔布斯绝对可算是改变现代人类生活的一位划时代人物。他设计了 iPod、iPhone、iPad 系列产品，给无数人的日常生活带来了巨大变化，完全改变了 IT 产业的格局。

使乔布斯获得成功的最大原因可说是“开放的商业模式”。通过观察 ipod 的生产过程就可以轻易看出苹果公司采取了多么开放的商业模式：ipod 的电池、外壳、内存、操作系统、硬盘分别由索尼公司、小林公司、三星电子、Portal Player 和东芝公司生产，而组装则由中国深圳的一家企业负责。

苹果只负责确定核心概念和设计。乔布斯的开放式商业模式随着 iPhone 的上市得到进一步发展。全世界任何人都可以通过开放苹果应用软件获得收益。而开发人员获得 70% 收益的突破性的商业模式也被认为是 iPhone 取得成功的核心因素之一。

不过乔布斯原来并不是这种开放的性格，之前在苹果和麦金塔电脑（Macintosh）的开发过程中都是封闭进行的，而且也固守着苹果开发的产品只用于麦金塔电脑的原则。

乔布斯并不是善于听取他人意见的人。这与竞争对手 IBM 采用 MS-DOS 为操作系统，兼容多种应用程序，并因此取得了巨额销售业绩形成了鲜明的对比。

曾经使固执的乔布斯发生改变的契机是从他接触电影生意开始的。被迫离开苹果的乔布斯收购了卢卡斯影业旗下的电脑动画工作室并更名为皮克斯（Pixar）。之后开发了《玩具总动员》《超人总动员》等许多热映影片，重塑辉煌。

电影生产是在立项的基础上运作的，项目一旦启动，散居世界各地的演员、主创和技术人员就云集一起构成剧组，在完成制作后又分别重新回到各自的岗位。

这与传统的封锁式革新模型，即挑选最优秀的研究人才在彻底杜绝机密泄露的基础上开发出独创技术后再投进市场的模式，有着天壤之别。

乔布斯在电影界里有了前所未有的体验，人也变得焕然一新。iPad是他用来复兴苹果公司的主角，同时也是最具象征性的产品，却并不是苹果公司内部独立开发的。

一天，曾任飞利浦公司工程师的托尼·法德尔（Tony Fadell）带着iPod的开发案来到苹果公司。

在这之前他到处碰壁，如果他遇到的是从前的乔布斯，那么他很可能就要吃闭门羹了，然而通过电影产业体会到价值创造模型可贵之处的乔布斯，却大胆地启用这个外人来担任iPod开发项目的总监，展现出乔布斯极为开明的态度。

之后法德尔又通过iPod开发了在线音乐服务项目"iTunes"，结果产品遭到消费者的疯狂追捧而热卖，现在iPod已然成为了MP3的代名词。

2007年1月，苹果推出首款iPhone，带来了多项革命性的理念：首次采用多点触摸界面，将键盘隐去，尤其是对第三方"web 2.0"和各种当地应用程序的支持，使之成为了依托在开发商网络基础上的生态系统。

面对这个陌生对手的入侵，诺基亚本来应该在第一时间做出反应，但封闭和自大让它反应迟缓。他们轻蔑地称苹果为“那个加州的水果公司”，在他们看来，这款智能手机不过是在键盘和屏幕上增加了一些新的花样而已。

然而，iPhone 与诺基亚以往推出的智能手机有着本质上的区别，用乔布斯的话说，“iPhone 重新定义了手机”。智能手机是以应用商店来定义的，可以说应用软件有多少，手机就有多“智能”。

iPhone 缔造的是一种全新的生态系统，通过苹果应用商店，让内容提供商与用户通过互联网在苹果的平台上对接，苹果应用商店目前是世界上最大的应用平台。

苹果将 70% 的收入给了开发商，开发商在这里获得的回报要比在其他平台上高得多，因此吸引了更多有实力的开发商。

iPhone 的智能是一种群体智能，它虽然“封闭”了自己的核心硬件和软件，但对于第三方硬件和软件始终是开放的，是开发商们聚集的平台。

从这个意义上讲，它和亚马逊的“网上超市”模式亦无本质的不同。苹果的应用商店之所以做到天下第一，靠的不是开放源代码，而是一种与开发商共享繁荣的佣金制度。

遗憾的是，诺基亚完全误读了 iPhone 带来的革命性影响，对未来手机市场格局的改变更是缺乏想象。

面对苹果发起的智能手机革命，谷歌首先做出反应，联合 34 家其他软件开发商和电信运营商组成了“开放手机联盟”，2008 年

10 月，谷歌公布了为这个平台打造的开放源代码操作系统“安卓”（Andriod），用来对抗苹果独家拥有的 iOS 系统。

Google 公司深受欢迎的网络软件如谷歌地图、Gmail，HTML 网页浏览器等被打包在内。三星是最早拥抱安卓系统的成员之一，目前它是 Android 手机第一生产商。

面对 iPhone 的威胁，诺基亚做出的第一反应就是建立一个属于自己的操作系统。也就是说在苹果的 iOS、谷歌的 Andriod 和微软的 Windows Phone 之外建立第四个操作系统。

不幸的是，Symbian 是一个过时的生态系统。该系统对触摸屏、多媒体、新操作界面的网络企业和用户受益的支持都较差；在同互联网的交互界面方面，更是具有先天的劣势。代码的复杂性，严重限制了第三方应用程序的开发。

相对三星的快速跟进战略，诺基亚排斥 Android 系统的做法是固执的，代价是高昂的。

永远不要将自己当作中心封闭起来，在互联网时代，企业需要在开放的知识网络的节点上建立一个让第三方加盟的平台，这一点尤其重要。

封闭、保守、独享只会让自己变得越来越小。只有坚持“开放共赢”的理念，才能真正满足已经步入移动互联网时代的产业环境和消费需求。

2. 吃尽了封闭苦头的华为

互联网精神的本质就是：开放、开放、再开放。只有建立在开放的平台上，才能有平等、共享、去中心这些特点，不管是互联网还是传统企业，一定要在组织内部创造开放的文化。

由于相对封闭，华为这些年没少吃苦头。

2010 年 5 月，华为出资 200 万美元收购了一家美国公司的部分资产。然而，8 个月后，华为接到了美国外国投资委员会（CFIUS）的通知，建议其撤回收购 3Leaf 特定资产交易的申请。

一开始，华为拒绝接受。按照美国的相关规定，如果华为拒绝接受这一建议，需要美国总统在 15 天内做出最终裁决。在此期间，有五位美国众议员联名致信奥巴马政府，称华为收购 3Leaf Systems 将对美国的计算机网络构成威胁。

“这是一个艰难的决定。然而，我们已经决定接受美国外国投资委员会的建议，撤销收购 3Leaf 公司特殊资产的申请。”后来，华为发表了这样的声明。

这样的决定如同三年前的情景再现。2008 年 3 月，贝恩资本与华为联合收购 3Com 公司也是因未通过 CFIUS 的审查而最终放弃。由于华为作为中国厂商参与，美国多名议员和政府官员都担心这一交易将导致华为获得美国的军事技术。

按照以往华为的一贯风格，对于这样放弃收购的行为一般是“不予回应”或“不予置评”。在业界的惋惜中，这一事件很快归于平静。

不料，在 2011 年 2 月 25 日早，很多网友看到了一封来自华为副董事长胡厚昆的公开信，洋洋洒洒几千字，一口气解释了华为在投资美国的 10 年里所遭遇的误解。这些误解包括“与 PLA（中国人民解放军的简称）有密切联系”“知识产权纠纷”“中国政府的财务支持”“威胁美国国家安全”等。

在这封公开信的最后，华为希望美国政府对华为进行调查。“实际上，我们一直希望美国政府能够就对华为所有质疑给予正式的调查。我们相信，如果能够通过美国的公平与正义的调查流程，能证明我们是一家真正的商业公司。”

当然，美国政府并没有真的“应邀”对华为展开调查。据华为一位内部人士透露，美方连最基本的回应也没有。但人们却从这封言辞恳切的公开信中看到，华为公司以及华为人开始变了，变得开放，变得热诚。华为不再选择沉默。

很多人曾经认为华为是封闭、神秘的，但是各位从另外一个视角看华为，就会发现华为可以说是中国企业中开放程度最高的企业。

华为在 1997 年，请 IBM 的顾问进行流程变革，公司开始也有争论，要不要让顾问们对公司进行全面诊断与透视？任正非说：“脱光衣服，连裤衩也脱掉。”只有你不遮遮掩掩，顾问才能知道你的病根到底在哪里。

华为在研发方面一开始就对西方公司全面开放。你什么都没有的时候，对外开放最受益的就是“一无所有者”。华为今天在全球有二十多个研发中心，与全球二百多所大学共建研发实验室或者有项目合作，华为邀请了全球不少顶尖科学家做研发顾问，华为与客户有联合创新中心，与竞争对手也有许多合作研发。

所以在研发方面，华为可以说是中国企业中最开放的。如果没有互联网带来知识的广泛分享这样一个过去二十多年的大趋势，也不会有华为的今天，如果华为没有抓住互联网带来的全面开放和全球化潮流，主动迎接，也不会有华为的今天。

其实，华为在进行这样的改变时，高层也有争论，说信息安全怎么办？任正非说，最了解华为的是美国公司，美国人对华为的底牌最了解。

任正非其实很清楚，今天这个时代，所有的牌大家都亮在桌上，技术牌、市场牌都放在明处，甚至共享，这时候比拼的就是你的战略，比拼的是不同的企业精神和各自企业的价值观。

2013 年 3 月，在参观华为深圳总部的过程中，英国《金融时报》记者在华为董事会首席秘书江西生的允许下，翻阅了这些簿册，以了解这些作为华为所有者的员工，以及华为创始人任正非的持股情况。

电信业咨询机构北京博达克咨询公司（BDA China）的董事长邓肯·克拉克（Duncan Clark）表示，向外界展示持股簿册是一个积极的举动。

华为不断加大透明度，主动对外界解读财报，加大高管曝光度，展示其开放的勇气和决心。

3. 开放是彼此共生

在《Facebook 效应》一书中，作者大卫·柯克帕特里克写道："扎克伯格是从刚一摸触键盘起，就一直在构思一个平台。""希望把 Facebook 设计成某种操作系统，你可以在上面运行各种各样的程序。"

从2007年5月开始，Facebook完全停止了应用程序开发，唯一的事情就是维护用户的个人主页和人际网络，而几乎所有的其他服务都由软件开发公司来提供。

截止到2010年底，已有超过100万的开发者在Facebook平台上开发出五十多万个第三方应用程序。另外，Facebook connect让任何网站都能挖掘Facebook上的用户和好友关系数据，并把用户的活动反馈到Facebook上。

开放改变的不仅是平台本身，还有整个互联网生态。在Facebook的平台构架上，每个人都能轻易地像微软一样开发应用程序，《魔兽世界》用6年的时间取得了1200万用户，而《愤怒的小鸟》取得同样的成绩仅仅花了9天，Zynga、Rovio一夜之间成长为游戏巨头。目前，Facebook平台有50家年收入超过500万美元的软件公司，开发者的总收入与Facebook自身的收入相当。

2007年Facebook宣布开放之后，仍然坚持所有程序都自行开发的MySpace就迅速被前者超越，这个曾经的全球社交网站老大目前在美国的访问者已不足2000万人，新闻集团意欲出售，却应者寥寥。

Facebook很有效率地稳步推行着其商业策略，开放正是其所有策略中的精华所在。截至2010年年底，Facebook的应用开发者人数稳定在100万左右，遍及全球190个国家和地区。

Facebook的商业策略选择几乎成了互联网行业内的一项事实标准——对于那些拥有高黏性产品服务、并以此获取到大量忠实用户以及流量、同时缺乏足够变现能力的“平台化”公司而言，将自己的 API 开放给第三方已经成为了一种必然。

在 Facebook 开放了接口、谷歌 Android 开放代码、苹果的 Appstore 变成开发者的创业平台之后，人们意识到大佬的生存法则正是“开放”二字。

无论是腾讯、百度、淘宝、盛大这样的传统巨头，还是 360、新浪微博、人人网、开心网这样的互联网新贵，都纷纷祭起开放的大旗。

金山网络 CEO 傅盛表示：“互联网本身就是开放的，是一个大的‘开放平台’，然而，‘开放’这个词很好听，但传统‘交换流量’的方式其实是对开放的曲解。”开放者与接入者之间的关系应该是共生的、透明的，双方的服务是深度嵌套、彼此依赖的。

不要老是想自己一个人积累好资源，自己一个人去获得多大的市场和成功，更需要考虑的是，如何利用这个生态系统资源，在促进生态系统的进步的同时使自己获得成功。

不要想上下产业链的通吃，不要想自己一个人垄断市场，发挥生态系统的每个角色的积极性，一起做一个大蛋糕吧。

新时代的互联网不再是丛林法则，弱肉强食，更多是犀牛和犀鸟的关系，是彼此共生的良性生态。

李彦宏认为，在移动互联网时代，一家公司单纯依靠自身技术来开发产品的模式慢慢落伍，只有以服务的心态将百度的技术、服务都做成平台化、接口化，让合作伙伴可以平等便捷地接入，才能实现共赢的局面。

以语音识别技术为例，这是一项需要长期积累的专业技术领域，对于普通开发者来说是个很高的门槛，百度把语音生态系统无条件免费开放，帮助普通开发者解决这一难题。大量开发者接入和使用后，又能够促进百度语音识别技术不断提高，生态系统不断完善。

"要以平台化、接口化的思维提升创新效率，建立生态系统。"李彦宏表示，好的平台对任何人都是平等无障碍并且利益共享的，这样合作伙伴才会与你一起建设这个平台，比你更在乎这个平台的成功。

4. 马化腾的开放

2010 年春节前后，腾讯选择在二三线和更低级别的城市强行推广 QQ 医生安全软件，也就是一夜之间，QQ 医生占据国内一亿台左右电脑，市场份额近 40%。

然而 360 很快就意识到了 QQ 医生的威胁，一些休假中的 360 员工被紧急召集回来应对这场突发事件。

三个月之后，腾讯新发布了 QQ 医生的升级版 QQ 电脑管家，而功能也更加强大。包含云查杀木马、系统漏洞修补、实时防护、清理插件等多项安全防护功能，与 360 安全卫士展开直接竞争。

2010 年 11 月 3 日晚，腾讯发布公告，在装有 360 软件的电脑上停止运行 QQ 软件。360 随即推出了"WebQQ"的客户端，但腾讯随即关闭 WebQQ 服务，使客户端失效，事件仍在紧张发展。

从 2010 年到 2013 年期间，腾讯和 360 两家公司上演了一系列的互联网之战。

虽然这次大战在工信部的斡旋下化解了，但也促使马化腾反思，腾讯是走向封闭还是开放。

腾讯公司12周年纪念日（2010年11月11日）当晚，一向很少向外界输出世界观的马化腾以全员信的方式，再次强调了开放战略："我们将尝试在腾讯未来的发展中注入更多开放、分享的元素。我们将会更加积极推动平台开放，关注产业链的和谐，因为腾讯的梦想不是让自己变成最强、最大的公司，而是最受人尊重的公司。"

2010年12月5日，腾讯向业界宣布将进入为期半年的战略转型筹备期。2011年6月15日，马化腾就这半年来腾讯的努力做出总结，并向所有的合作伙伴承诺，腾讯的开放是不可逆的，这扇大门只要一打开，就不会关闭。马化腾发表演讲提出面对互联网未来的"八个选择"，并宣布腾讯要打造一个规模最大、最成功的开放平台，扶持所有合作伙伴再造一个腾讯。

以下是马化腾演讲的全文实录：

腾讯的梦想是希望能够成为一个最大、最成功的开放平台。所以我想要实现这个目标，我们有几方面的思考，尤其是有八个方面我们认为是特别重要的。因为去年我们提出了"八条论纲"，所以，我们把对开放平台的这些选择、总结归纳成八条，我们姑且叫作是"八个选择"。

第一个选择，如果我们在开放的探索中出现挫折，我们一定会选择积极地寻求解决问题的一个方法，而不是退缩。在我们提出了一个开放口号这个邀约之后，很多朋友很兴奋，但是也有人提出质疑，说腾讯是真开放，还是假开放？会不会开了一半，发现不对劲儿，又回头了，又退缩了？

在这里我很肯定地跟所有的合作伙伴承诺，腾讯的开放是不可逆的，这扇大门只要一打开，就不会关闭。但是，我们也一定要清醒地和务实地意识到，开放之路一定会出现很多挫折，一定会出现各种问题。

但是，我们只要抱着“发现问题就去解决问题”这样的一种态度、这样的一个决心，而不是走回头路，那么我相信，这个开放之路必将能够走到底，而且给所有人带来实惠。

第二个选择，是在开放程度上，选择全平台的开放，而不是有所保留。刚才几位同事的演讲大家已经知道了，我们通过社区平台这个最为成熟、实际上已经给很多合作伙伴带来收入的这样一个平台自开放以来，就已经推出了微博的平台，以及未来我们即将推出来腾讯最核心的 Q+ 的核心平台。

我相信，一波又一波开放的浪潮是持续不断的。除此之外，腾讯还有很多垂直领域，包括电子商务，包括搜索，包括支付，包括团购这些开放平台也会陆续展开。

但是，我们也听到很多合作伙伴向我们抱怨说，你们的平台太多了，我们没法谈，一谈就是对着七八个部门，而且好像口径不太一致。是的，我们现在正在紧锣密鼓的进行各个品牌之间接口的统一，我们希望未来能够实现全网接通。

我们在内部的组织架构里面也在做调整，形成一个相对统一的，过去我们可能是一个虚拟的委员会，未来会成为一个实体，针对我们合作伙伴的不同的接入、结算等，我们希望整个平台能够更加地顺畅。

第三个选择，也就是在面对用户的利益受到侵害的时候，我们的选择是零容忍。很多人说腾讯在开放上，为什么今年才有大动作？实际上，腾讯开放的准备是在三年前已经开始，但为什么今年才会有比较大的动作呢？其实我们也没有闲着，一直在做。

我想跟大家解释一下，用户在我们整个平台的利益是至关重要的，这个坚持是在我们开放前还是开放后，都是坚持一致的。大家知道，12 年积累的 QQ 的账户体系是一个私人的关系链这样一个架构，由此这个架构里面去推演一个开放的平台，会产生用户数据关系链，还有在 QQ 账号里面，承载大量的虚拟财产安全和数据保密这样的责任。

如果在没有充分准备好之前，比如说 QQ 的账号允许其他的网站登录，必然会产生很多账号泄密的问题。

刚才也提到，过去其实发生过很多的盗号现象，我们一直在跟这样的现象做斗争。

如果说我们开放了整个 QQ 互联，账号可以在其他网站登录，如何避免这样一些非法分子制造一些钓鱼网站，去骗取用户的账号？以及整个关系链开放之后，如何规避、如何避免一些不法分子利用关系链的私人关系，对用户的其他欺诈呢？

这需要我们在后台建立一个非常复杂的账号信用机制，以及用户使用习惯的模型分析系统，需要大量的研发，对用户的行为进行分析，他是不是有异常的情况，然后才能阻止。也包括我们的合作伙伴在我们平台上面的应用，如果出现了一些安全问题，我们如何能够快速地响应等，这些都会产生很多基础性的问题。

在这些没有完全准备好之前，我们是绝对不能拿用户的利益去冒险做赌注的。任何一个开放平台，必然有大量的利益，我们知道，只要有利益的平台，必然会出现少数的服务提供商或开发商，有可能会不择手段地去侵害用户的利益获得收入。因为对我们来说，我们看很多开发商可能是觉得没有什么成本。

所以说，他会愿意去利用这个开放平台，尽可能去疯狂地营销，甚至在应用中有很多后备陷阱，这些可能会伤害用户的利益。所以在这个管理的能力没有形成之前，贸然开放平台，我认为是不负责任的。开放是一种能力，而不是一种姿态。所以，在这些能力全部准备好之后，腾讯才拉开了开放的大幕。

第四个选择，我是想谈谈开放模式的选择问题，开放绝对不是一个简单的卖入口、卖流量。我们的选择是提供全方位的平台。刚才很多人谈到了，我们看到业内有很多的开放平台，有的是把一个网站开放出来，称之为开放平台。

我们认为，真正的开放平台是有它的关系链，有它的支付关系。腾讯的选择是一个全方位服务平台的概念，刚才我的同事提到我们不仅有账号关系链、流量，还有支付体系。更关键的是，我们通过自己多年的应用开发的经验，我们希望把这个能力总结出来，模块化贡献出来。

这样的话，很多合作伙伴可以在一开始就具备能够支撑海量用户运行的开发能力，包括测试，包括托管，包括数据库，这些复杂的关系对他来说，完全不用考虑，还包括很多客服、运维等等这些，我们都可以帮他承担。

也就是说，一两个人的一个很小的公司，他只要有好的创意，他可以把他的注意力集中在产品开发上，其他的问题不用考虑太多。这就是我们的一个梦想。

第五个选择，在规则的制定上，我们选择的是广纳贤言，与时共进，而不是一言堂式的一锤定音。很多人说腾讯这个平台上，你们做了应用，你们又是裁判，又是运动员，我们很担心你们到时候把我们好的应用全部抄袭了，把我们赶走怎么办？

在这里，我想给大家承诺，腾讯的规则是不内设障碍的，我们看到过去一些社区的开放平台，平台商告诉开发者说，对不起，这个社区的应用很赚钱，你们不要做了，接着又发现另外一个种类也很赚钱，平台商说这个我要留下来，你们也不要做了，最后把所有的开发者都逼到只有去国外发展。我可以跟大家承诺，在腾讯的开放平台里面，绝对不会受任何的限制，而且是公平透明的。

但是我们也知道，这个规则不可能是一劳永逸的，一次就完成了，他一定需要不断地优化。只要我们的原则是公平、透明、开放，而且是不断优化，我相信这个规则是越来越清晰，越来越好。而且这个过程我们需要所有的合作伙伴和我们一起参与，一起提出合理化的建议，共同打造一个最优的平台的规则。

第六个选择，刚才谈到大家担心平台商会不会直接做应用？我在这里也给大家做一个表态，那就是在利益分配方面，腾讯选择的是优先成就合作伙伴，然后再成就自己。

其实，赚钱并不是我们做开放平台的唯一目的。在整个开放平台上，我们希望越来越多的开发者能够成功，整个平台才叫作成功，而并不是腾讯一家赚到钱这才叫成功。否则的话，这和过去半开放，或者封闭的模式没有什么区别。

所以，刚才我们的同事也介绍了，在短短这两三个月的时期内，我们看到一批优秀的开发者已经涌现出来了，我们单月的分成不断的突破，从600万到800万，到现在突破1000万，这是一个很好的势头。但是，这远远不够，因为要达到200亿的目标，还有很长的路要走。

第七个选择，就是对开放平台中，关于同质化的应用和创新的应用，我们一定会选择创新的应用。我们多年的SP和应用开发的经验告诉我们，在任何一个平台里，一定会出现大量的同质化的产品，但是也一定会出现非常优秀，很有创新的应用出来。我希望我们在平台规则上，一定要主动地、积极地扶持这些具有创新性的开发者和他们的应用。

也就是说，让有能力的人能够挣到钱，让天下没有被埋没的人才。所以说在规则的制定上，我们会扶持和倾向支持更具有创新的开发者，我们也会在资金上提供支持。腾讯在过去的这半年，通过我们的共赢产业基金，50亿的额度，现在已经投资超过一半。

在这里我也给大家透露，在不久的将来，腾讯的共赢产业基金将会扩容到100亿，对我来说，没有什么比把一年的利润，全部投给产业链更正确的事情了。这个是一点都不艰难的决定，是很轻松的，而且我相信一定是很正确的决定。

第八个选择，腾讯开放的意义，到底是经营策略的转变，还是公司使命的变化？我们的选择是后者。回想12年前，我们在创业的时候，就好像在种一棵果树，我们关心的是这棵果树有没有收成，关心的是这个月能不能发出员工的工资，关心的是下个月能不能交得起我们托管服务器的费用。

但是，当我们的果树越来越多，成为一个果园的时候，我们关注的再也不是单棵果树的收成。我们必须要看到，这个地区的气候会怎么变化，会不会发生大面积的病虫灾害，也会关心这些问题，这是一个生态的问题。

所以对于腾讯来说，从我们过去做生意转变到做生态，我觉得是一个很自然的事情，这不是外界给你的要求，而是你自身成长一个很自然的一个使命的一个转变。

如果说我们过去的梦想，是希望建立一个一站式的在线生活平台，那么今天，我想把这个梦想往前推进一步，那就是一起打造一个没有疆界、开放共享的互联网新生态。

我觉得这个梦想是非常重要的，所以最后我是非常诚挚的，利用这个机会邀请我们在座的所有合作伙伴，和腾讯携手起来，为了未来的梦想一起努力，为未来的整个没有疆界、开放分享的互联网新生态而努力。

最后，我再一次感谢所有的合作伙伴和领导的光临，谢谢大家。

腾讯的开放举措赢得了业界赞赏。有分析人士称，腾讯真正从用户角度出发，满足网民日益增多的在线消费需求，也为第三方合作伙伴开辟了更多的商机，给中国互联网行业带来新气象。

马化腾也讲过，参与分享的网民数量越来越多，力量越来越强大，互联网产业也随之迎来“核聚变”。原来我们所熟知的商业模式，随时可能成为泡影。

每一个从业者必须认识到，如果你不能学会主动迎接，不对这种网民自由参与分享的精神保持敬畏之心，你就会被炸得粉碎。

金山软件高级副总裁兼金山办公软件CEO葛珂认为，互联网产业是一个社会化的产业，互联网产业链的意义不单单是创造产值，互联网产业环境的发展将对现实社会直接产生影响。因此，在他看来，“开放平台是一个好的开始，是腾讯成为世界顶级公司的必经之路”。

58同城网CEO姚劲波说：“开放是互联网的趋势，也是互联网发展的未来。作为互联网从业者，我们乐于看到像腾讯这样的领军企业实施开放战略。

“同时，随着QQ的开放，互联网的未来将如何变化则让人更加难以预测。但我相信，这种变化一定是有利于行业发展的，也将让更多的互联网企业和用户受益。”

5. 要会做个性化时代的生意

有个性的产品才有人喜欢，所以产品需要赋予一定的虚拟价值。观察一流企业的产品，你就会发现这几乎是一致的“秘密”。

意大利著名时装设计师戴尼斯（Dennis）强调：“唯有产品个性是品牌差异化的核心表现”。他为FORESUN品牌设计了160件时装，都是秉持这样的理念设计的。

FORESUN来自英国，受军队户外生存的历史文化影响，使得它锻造了户外探索性格的设计风格，它让现代生活注入了别样乐趣与探险精神。

不仅满足户外探险者着衣的功能性和实用性需求，而且更贴近男士们对军人情结、沧桑粗犷个性的认知价值。

FORESUN 本着对独有性格的坚持，追求在户外环境中发挥产品的最大实用性与功能性，让户外休闲在生活中蔓延。从而塑造具有军装性格和探索精神的户外生活休闲装。

因此，产品设计中融有欧洲军装的功能性和结构感，这足以满足在户外活动时的实用需求。尤其在专业品类中，强大的功能设计，注重对防风、防雨、保暖、耐磨、轻便等细节上的关注，充分考虑人的皮肤伸展率及人体关键活动部位的空间合理率，提升衣着舒适度与合体性。

在户外品类中，FORESUN 更倾向生活，讲究款式的时尚度与男人气度的结合，着装更注重易搭配性，面料触感更加柔和，且不乏小功能细节设计，如对电子产品的装载口袋设计、肩章设计、立体兜以及束腰效果设计等。

在时装设计的文化基调上面，它引进功能性面料创新及面料搭配、宽松及可调节腰身的版型设计、多口袋款式设计、军事感色调、加强坚固功能的工艺设计；而在基因文化上面，它引用了变异国旗，F 图形识别，F 暗格纹，F 徽章以及独特的迷彩、密码、地标图形等纹样。目前在中国市场终端店提升至 150 家，成为具有军服魅力的领先时尚的军旅休闲品牌。

品牌个性、形象的塑造以及品牌的核心价值观需要通过个性、形象化的传达，改善品牌跟消费者的关系，这一点非常重要。

凡是让目标消费者甚至公众反感的品牌，必然不会受到推崇。从消费者的认知角度来讲，有这么几个纬度，包括知名度、认知度、理解度、美誉度、偏好度、忠诚度。

如果产品没有个性，只是企业内部策划会议上的自说自话，这样的产品是没有忠诚客户群的。

国内企业接触品牌比较晚，很多企业不明白、不理解品牌到底是什么，分不清品牌和产品。如果同时存在着几十个甚至上百个企业，在向消费者提供同一种产品或服务时，其中能勉强称得上品牌的屈指可数。

企业以为自己跟别人一样是在做品牌，其实它们一直努力培植并坚信和依赖的营销力量，只是“产品”两个字。

没有被消费者深入理解的产品品牌，是很难真正进入消费者的内心世界的。产品深入人心，指的就是消费者深刻理解并认同了企业的价值观，从而在内心深处对品牌产生了情感共鸣，将产品文化内化成了自己情感世界的一部分。没有真正的理解，就不可能有真正的美誉，更不会有真正的偏好和忠诚。

手机的品牌定位，各个厂商一直在试图刻画到消费者头脑中，比如商务手机、音乐手机、女性手机等等，而小米却跳出了这个圈子，定位成“发烧友手机”，这个超越了性别、年龄、地域、阶层的定位，反而深得人心。

除了创始人雷军是手机发烧友、小米手机可以随意去刷ROM满足发烧友的搞机需求以外，还有什么使这个发烧友的个性定位捧火了小米手机?

发烧友，这可以让他在朋友、同学、家人中彰显出他的个性，我们可以想象这样一个用户画面：一个在城市中为了生存忙碌工作的小白领，闲暇时拿出自己的小米手机，秀出自己对机器的若干调整和配置，讲解得头头是道，更让那些“小白”女生惊讶点头，然后他也会晚上一头扎到小米论坛中和志同道合的机友探讨各种性能指标，这一瞬间，高高的生存成本已经可以暂时放在脑后，让他得到间隙的欢愉。

这是一个个性化的时代，个性化的消费主张，在互联网时代，不仅可以彰显出来，而且更可以得到尊重。

只有个性化的产品文化才能印刻在顾客心中，这样的产品文化才能发挥感动营销的特长，感动营销其实是一种全方位的沟通和传播战略。

被 Facebook 以 10 亿美元收购的 Instagram、被华尔街给予数十亿美元估值的 Pinterest，还用迅速蹿红的画画猜词游戏 Draw Something 等，都具有“弱功能、强体验”的特征。

而这里的关键词“体验”，最核心的要素就是个性化。只有满足了用户的个性化需求，才能为用户创造出深刻而独特的体验。

最近，海尔开启了云电视网上定制特别通道，推出个性化定制的服务，消费者可根据不同的消费需求，包括荧屏尺寸、3D 影像、网络功能、超窄边框、安装方式等多个方面进行个性化功能模块选择，定制云电视个性解决方案。

海尔则根据用户的具体定制需求，进行产品设计和研发。业内人士指出，海尔云电视个性定制从个性消费需求出发，驱动着海尔的生产方式发生转换。

互联网行业正在迎来一场大变革。随着移动互联网的崛起，互联网的整体普及速度大大加快，整个互联网正在从工具属性转向个性化，从理性转向感性，产品之间的竞争也正从功能比拼转向看谁能帮助用户创造最好、最个性化的体验。

正是在这样的产业大势之下，各大公司开始自觉或者不自觉地在加入到个性化市场的争夺中来，个性化、审美体验这些目前看来相对次要的因素，将成为改变未来互联网格局的重要力量。

我们正要进入并快速拥抱每个消费者的时代，人人都是设计师，人人都是创意师，人人都是裁缝，人人都是销售，人人都是消费者。他们越来越追求个性化，越来越追求自己的消费自己作主，这是一个新的改变。